まえがき

ＡＩの発展に伴って、営業という職種は絶滅する。そう説いている記事やコラムが最近目立つようになってきました。オックスフォード大学が二〇一四年度に行った調査では「訪問型営業は近い将来消える」とまで報告されています。

また一方で、三〇歳以上の親世代が子どもに将来なってほしくない職業ランキングの第二位が営業職である（第一位はユーチューバー）という記事も見かけました。

営業職は、現代においてそれほどまでに価値が乏しい職種になってしまったのでしょうか。

私が営業職の真の価値について考えるようになったのは、二〇代半ばを過ぎてからでした。きっかけは、新卒入社した株式会社ファンケルでのこと。当時の池森賢二社長からの言葉が今でも忘れられません。

ある日、大勢の社員を前に社長が訓示を行う場面でのことでした。その時の池森社長の講話内容は、要約すると以下のような内容だったと記憶しています。

「会社は常に〝倒産〟に向かって進んでいる。未来永劫(えいごう)続く事業などない。だからこそ私たちは新しいことに挑戦し続けなければならない。そのためには、新しい情報に対する感度を高めていかなければならない。これからのファンケルの従業員には、世の中の情報に対する敏感さを求める」

今となればとても良い話なのですが、この時の私は社長の金言を何となく聞いているだけでした。ましてや、その直後に〝個人的な危機〟が訪れるなどとは夢にも思っていませんでした。

社長の話の区切りがついた次の瞬間です。

大勢の中の一人だった私に社長が目を合わせ、強い口調で話しかけてきました。

「そこのキミ!!　そう、体格のいいキミだ。名前は何というんだ?」

状況が呑み込めない私は、心臓が止まりそうになりながら答えます。

「はいっ!　……高橋です」

すると社長は言いました。

「そうか、高橋君か。キミは世の中の新しい情報に対してアンテナを立てているか？」

もはや、この状況で許される答えは一つだけです。

当時の私でも、そのくらいの状況判断はできます。

「はい‼」

どうかこれで終わってくれ、と願いながら私は答えました。

すると、私の願いもむなしく、社長はたたみかけるように問いかけてきます。

「そうか、じゃあ高橋君は具体的に何をやってるんだ？」

もう私は頭の中が真っ白です。

思わずこんなことを口走りました。

「はい！　……日経新聞を読んでいます！」

するとその後、社長はニヤッと笑って言いました。

「そうか、日経新聞か。それはそれで良いことだから続けてくれればいい。

でもな、世の中の最新の情報は日経新聞の紙面にもテレビのニュースにも出てこないから覚えておくんだぞ」

ポカンとしている私を無視して、社長は続けます。

「われわれは多くのお取引先に支えられている。

世の中の最新情報はお取引先の優秀な営業担当者が持ってくるんだよ。

われわれの会社の成長に向け、外部からアイデアを提供してくれるのは営業担当者なんだ。

だからお取引先とは共存共栄しなければならない。

優秀な営業担当者を大切にしろよ」

当時の私には、その言葉の意味が半分も分かりませんでした。

しかし、その時の社長とのやり取りは今でも強烈に覚えており、営業という仕事を深く考えるきっかけにもなった出来事でした。

今思えば、あの時の言葉の中に〝営業が目指すべき姿〟が示唆されていた気がします。


ここまでの話を踏まえつつ、「営業とは何か」という問いに対する私なりの見解を記してみたいと思います。

営業担当者が自社の事業を支える存在であることは当然です。

そのうえで、ファンケルの池森社長が仰っていたように〝新しい情報やアイデアこそがお客様の新事業を創り上げる種〟だとすれば、営業とは〝お客様と一緒にお客様の事業を創り上げる存在〟ということになります。

この考え方は、昨今私たちの業界で注目を集めている〝インサイトセールス〟と似ているように思います。

インサイトセールスは、お客様が抱えている目先の問題を解決するだけではなく、お客様のニーズを先回りして情報提供や提案をする営業スタイルです。

いかにお客様のビジネス環境の変化を先取りできるか。

そして、お客様の経営理念実現につながる情報提供ができるか。

こういった動きこそが、これからの時代に営業パーソンがしなければいけないことであり、このようなことができる営業担当者はＡＩにも負けない存在になれるのではないでしょうか。

本書には私自身が日頃の営業活動の中で実践しているインサイトセールスの事例はもちろん、企業研修でお伝えしているインサイト営業のノウハウがたくさん詰まっています。

この本を読み終えた後に「営業職ってこんなにクリエイティブで価値のある仕事なんだ」と思っていただけることが私の願いです。

高橋　研

目次

第4章 経営トップと何を、どう話せばいいのか？……67

第5章 インサイトセールスの最大の鍵とは

第6章 こうすればAIに負けない営業力は育つ

第7章

図版制作 室井明浩(STUDIO EYES)

序章

今までの
やり方では
「モノが売れない」
時代

売り手側の立場が、買い手側の立場より、圧倒的に弱い。

「営業」における現在の市場状況を一言で言うと、こうなるでしょう。

例えば身近な例では家電製品です。量販店に行くと、一流メーカーの高性能家電が非常に安く買えます。四〇インチの薄型テレビが四万円程度で手に入ります。一五年ぐらい前には一インチ一万円という時代もあったのに、いまは完全に価格破壊が起きている状態です。開発担当者が人生を賭けて創り出したような高性能品が、言葉は悪いが叩き売りされているのがマーケットの現実です。

換言すれば、機能や価値というものを価格に反映させにくい時代になっているということ。そういう時代にモノを売り込もうと思ったら、何らかの工夫が必要なのは当然です。

さらに、家電製品の例からもう一つ分かるのが、製品の陳腐化が非常にスピードアップしているということです。この点でも、売り手側は非常に厳しい環境に晒(さら)されていると言わねばなりません。

新発売されても、三カ月も経つと価格が四割引きなどということが珍しくありませんが、これは次々に新製品が出てくるので前の製品がすぐ陳腐化してしまうため。市

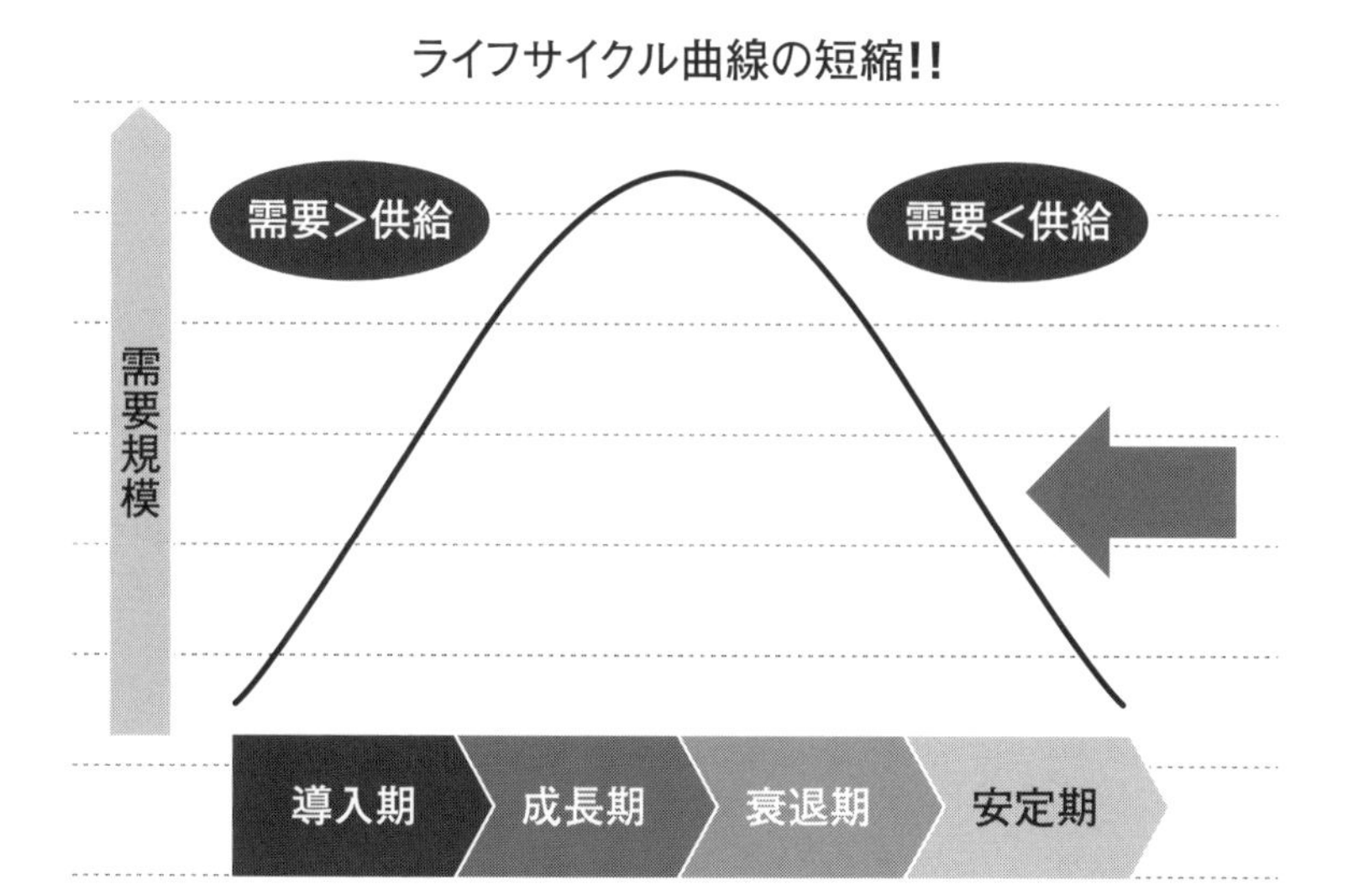

場に受けとめられたと思ったら、あっという間に見放されてしまいます。プロダクトライフサイクル（ある製品が市場に投入されてから売れなくなって退場するまで）が非常に短くなっています。

典型的なのがスマートフォンです。iPhoneの新モデルが発売となれば、テレビで大々的に取り上げられ、何日も前から行列ができるほど需要が供給を完全に上回っています。ところが、一年足らずのうちに別の新製品が出て、前の製品はたちまち旧モデルに転落。六割引き、七割引きになってしまうのはご存じの通りです。

このような厳しい状況下にあるのです

から、売り手側は、当然、環境に適応するよう変化しなければならないはずです。今までのやり方では、モノが売れない。「営業」の在り方も環境に応じて変化しなければならない――。これは今に始まった話ではなく、日本の営業のマーケットは、ここに至るまでにもさまざまな変化に対応しながら進化してきました。

そしてたどり着いた一つの地点が、ソリューション営業です。

お客様がいま、業務を遂行するうえで何に困っているのかを正確に聞き出して、その解決策を適切に提案すれば売れるという概念に基づいた営業。例えば、オフィスの効率化を図りたいと思案している企業があったら、その目的に沿った商品やシステムを紹介して受注に結びつける。二〇〇〇年前後から始まった営業手法です。

しかし、その営業スタイルがいま行き詰まっています。お客様の課題を聴き取り、それを解決するのに最適な商品・サービスを提案しても、容易に受注には至らないのです。なぜなら、どの社も同じ課題解決・提案型営業をしているので、結局は価格競争、条件競争となってしまっているからです。

売り手にとって厳しい環境となっている今日、営業の在り方は、さらに変化し新しい段階へと進化することが求められています。

では、どこへ向かうべきなのか？　その答えが「インサイトセールス」なのです。

この考え方は、既に二〇一〇年代半ば頃には『ハーバード・ビジネス・レビュー』という雑誌でも取り上げられています。

では、そのインサイトセールスとは、どんなものなのか？

前述のソリューション営業と同様、スタイルとしては提案営業ではあるのですが、提案する内容が、「お客様の困りごとを聞き出して、その課題を解決します」という形式とは大きく異なるのです。

提案する内容は、一つには、お客様の「ビジョンの実現を支援します」というもの。もう一つが、「お客様が認識できていない環境変化を捉え、それを踏まえた先回り提案をします」です。

ごく卑近な例で説明してみましょう。学校の成績が芳しくない息子A君に声を掛けるのに、次の二つのうちどちらが相手の胸に響くでしょうか。
①「お前、今度のテストも点数悪いね。塾に行くようにしなさい」
②「お前、クラスのなかで〝できる子〟になって、友達から尊敬されたり女子にもてる生徒になりたくないか。ちょっと塾にでも行ってみたらどうかな」

①は、成績が悪いという困りごとを抱えているA君にスポットライトを当て、その問題を解決するための提案をしています。一方、②のほうは、成績上位になるというA君の未来に光を当てたコミュニケーションです。

人間はポジティブな未来を提示されるとワクワクするもの。ビジネスの世界は法人対法人の取引とはいえ、意思決定するのは人間です。ですから、結局、最終的には問題解決のための提案をするにしても、ポジティブな未来、明るいビジョンを前提としたうえでその提案をされると、「この提案を受けとめよう」という気になる確率が上がります。

それが差別化に繋（つな）がるのです。他社の営業が軒並み製品の機能や価格的条件、納期の早さや数量だけで競争しようとアタックしているなかで、まずポジティブな未来の絵図を描き、その中に結果として製品を位置付ける。そのことで、お客様に「いいね！」と提案を受けとめてもらえる確率を上げる。それがインサイトセールスです。

そうなれば当然、営業の場におけるお客様とのコミュニケーションの内容も変わり、そもそも誰に対して営業するか、ターゲティング自体も違ってきます。

インサイトセールスでお客様から傾聴すべきことは、経営理念や事業のビジョンです。なぜならば、顧客のニーズを掘り下げていくと、最終的に行き着くところは経営理念や事業ビジョンになるためです。

となれば、営業における面談の相手として最もふさわしいのは、相手企業の経営トップということになります。

顧客企業の社長相手に、経営理念や事業ビジョンを論じ合う――自分にそんなことができるだろうかと否定的な気持ちになる営業パーソンも少なくないでしょう。畏(おそ)れることはありません。本書では、その具体的な方法やノウハウを細部にわたって伝えていきます。

インサイトセールスは、今日の「お困りごと解決型営業」の行き詰まりから抜け出すための新しい芽であると同時に、いずれＡＩに取って代わられる職種と言われる営業パーソンが、存在価値を保ち生き残るための道でもあります。

さらに付け加えておけば、このインサイトセールスの実践は、個々の営業パーソンにとって自己開発、ビジネスパーソンとしての成長に繋がるものであり、なにより営業という仕事にやりがいをもたらしてくれるものでもあるのです。

以下、インサイトセールスとは何か、詳しく述べていきましょう。

第1章

これまでの営業活動でやりがちな、四つの大きな間違い

1. 営業スタイルは時代とともに変化してきた

日本の営業のマーケットは、今日に至るまで変化に対応しながら進化してきました。その変遷を、ひと通り振り返ってみましょう。

まず、戦後間もなくの時期。私にとっては祖父母たちの世代の話です。闇市が横行し、粗悪品が出回っていた時代。モノがない時代です。この時、マーケットに受けとめられるのに必要なのは、「良いものを作る」ことでした。この品は良いものだとお客様に説明しきれれば、もう勝ちだという時代です。モノがなく、あっても粗悪品である世にあって、営業にとっての必勝パターンは良いものを作って売ることでした。

次は、経済成長が軌道に乗った時代。営業スタイルは大きく変わりました。単に「良いもの」というだけでは売れなくなったのです。「個人力の営業」の時代です。

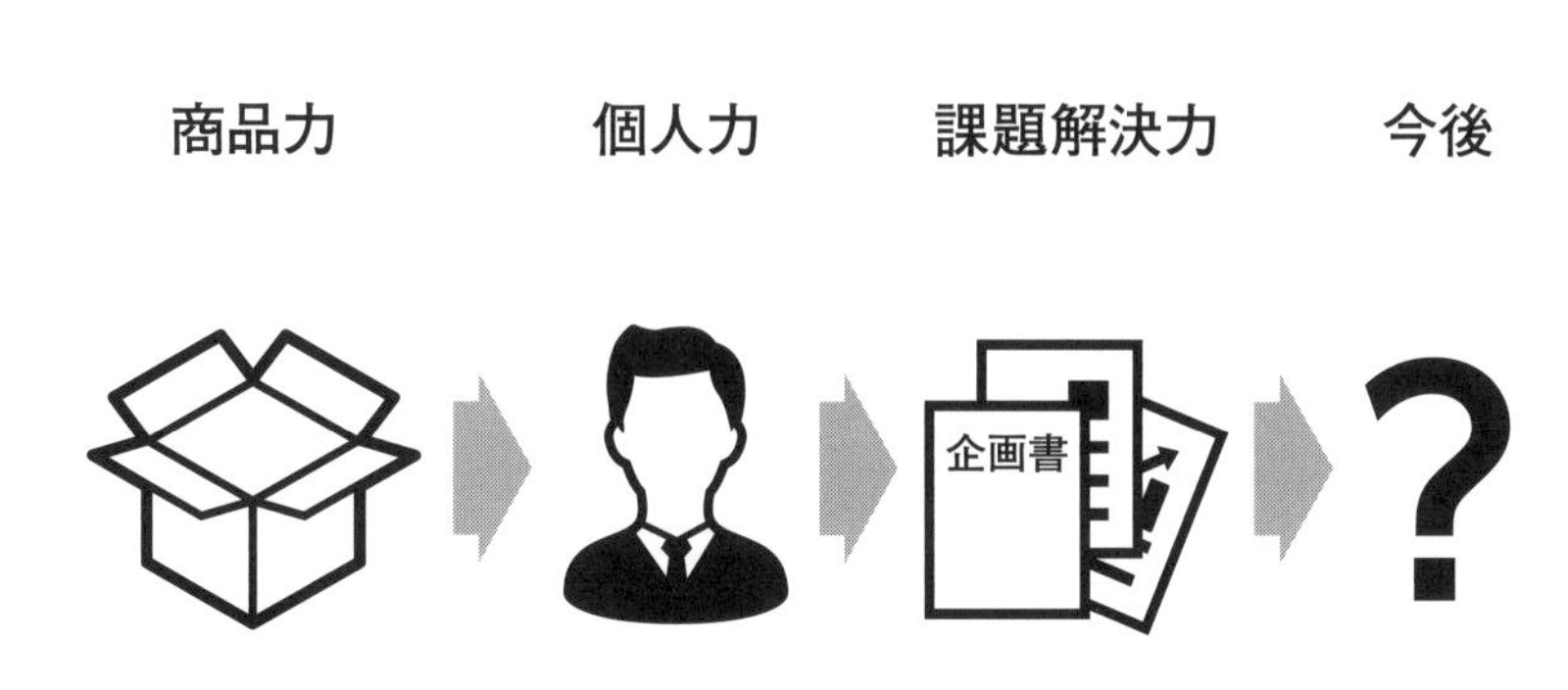

この時期、品質の良さだけでなく、それを誰が売るかに焦点が当たりました。つまり、営業パーソンの人柄や状況対応力、情報収集力などが重要になった時代。営業パーソンその人自身が、一人の人間、個人として、お客様にいかに気に入られるかが非常に大事になった時代です。

営業経費をジャブジャブ使って、お客様と仲良くなり、お客様について隅々まで詳しく事情を心得て、人として受容されることが買ってもらうことに繋がった時代。この傾向は企業が経費を潤沢に使えるようになった経済成長期から始まり、バブル期に絶頂を迎えたと言っていいでしょう。

ところが、この営業法が通用しなくなる時代がやってきます。バブルの崩壊です。お金が使えなくなり、それまでのように日常的に酒席やゴルフで接待しまくって受注に結びつけるという、個人力営業は姿を消していきます。

ここで新たに登場してきたのが、課題解決の提案型営業です。

お客様が、いま何に困っているのかを正確に聞き出して、その解決策を適切に提案する。ソリューション営業と呼ばれるものです。例えば、複写機などＯＡ機器のセールスなら、そのオフィスの利用態様に最適で業務の効率化も図れる新機器やシステムを提案することで受注に結びつける。この営業手法は二〇〇〇年前後から始まり、今日まで続いています。

戦後の「物売りの時代」から、経済成長期の「個人力の時代」を経て、「ソリューション営業の時代」へ。さて、問題は、いま何が起きているかです。

2. 現代は、「買い手」が圧倒的に有利な時代

現在、営業パーソンの多くが直面しているのは、次のような事態でしょう。

従来どおり、お客様の課題を把握して適切な解決策を提案しているにもかかわらず、すぐに「それ、買いましょう」の返事が得られないという状況です。

その原因は、競合各社も同じことをしているからです。となれば、結局、見積額の高低、スペックの優劣、納期の長短など条件競争となり、売る側はコンペ状態に陥って、そこから抜け出せないという不利な立場に立たざるを得ません。何か買おうと決めた時、人が次に考えることは、「なるべく安く買おう」です。売る側は、受注を獲得するためには薄利もやむなしということになってきます。

しかも、マーケット全般を見渡しても、家電品やＩＴ機器類に象徴されるように、現

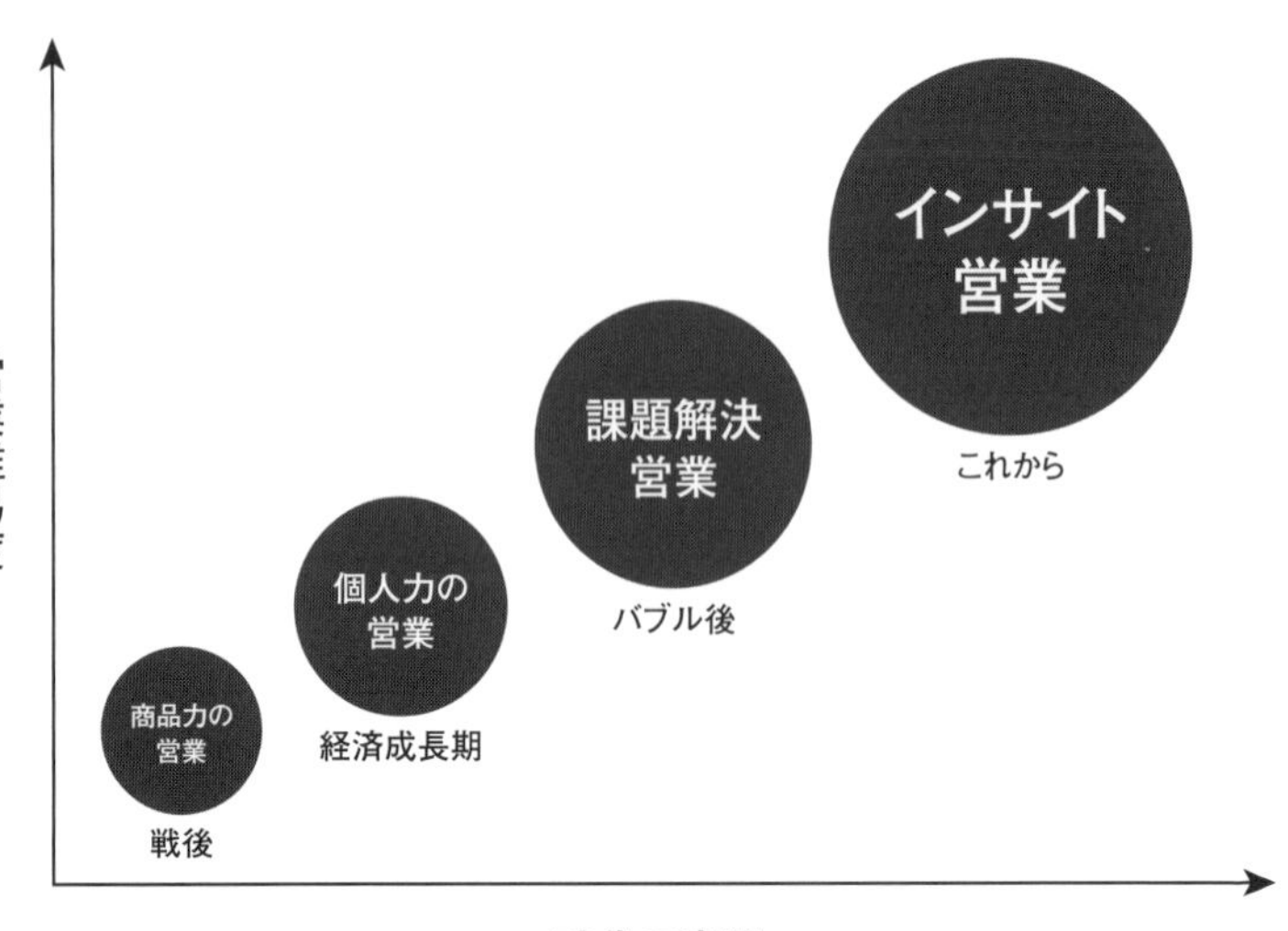

在は高性能品が驚くほどの安価で売られ、しかも次々に次世代製品が市場に現れ、各製品は短期間でたちまち陳腐化してさらに価格低下を強いられる時代。「買い手」が圧倒的に有利な現代は、売り手側にとって、きわめて厳しい環境となっています。

しかし、提案型営業を受けて納入する企業側も、競合各社に競争させて勝者を決定する立場にあるからといって、決して傍若無人（ぼうじゃくぶじん）というわけではありません。

昨今は、コンプライアンスの問題で、買い手側には買い手側の事情としての社内ルールもあるのです。例えば、「一〇〇万円以上の買い物をする場合、必ず三社以上から見積書を取り寄せて比較検討したうえでなければ購入決定できない」といった類の仕組みが、現在では一般化しています。

その意味でも、売り手側にとっては、時代環境はきわめて窮屈（きゅうくつ）で厳しいものとなっているのです。買い手が圧倒的に有利な現代において、営業の在り方も、当然さらに変化し、新しい段階へと進化することが強く求められています。

では、どこへ向かうべきなのか？　その答えが「インサイトセールス」なのです。

3. これまでの営業活動、四つの大きな間違い

1. 見込み客を探すことが近道ではない

見込み客とは何かを述べるために、まず、営業のステージを、お客様が抱える課題の状況に合わせて、川上→川中→川下と分類してみましょう。

川上営業とは、お客様が漠然とした曖昧（あいまい）な課題、潜在的課題を抱えている状況に対しての営業です。例えば、「我が社もそろそろ真剣にコスト削減しないとまずいかな」「業務の効率化を考えるべき時期かもしれない」と、漠然と課題を感じている段階。この状況でのアプローチが川上営業です。

この潜在的課題は、時間の経過とともに事態も進むので顕在化してきます。課題の中身が、一段階、より具体的になるのです。例えばコスト削減を考え始めていた企業なら、「手っ取り早いのはまず電気代かな」とか「業務効率を上げるために何かシステム刷新しよう」などと思案。この段階でのアプローチが川中営業です。

さらに、この思案が購買意欲に変わっている状態――それが川下です。そして、購買意欲となった瞬間に、その意欲は条件の検討に変わります。

例えば、「電気代を節約するために、社内の電気製品の入れ替え時期が来たら、電気代が少なくて済むエコ型の製品を買おう」とか「システムを刷新したいが、選択条件は納期とスペックと、予算に合った価格かどうかだな」と。このように完全に条件比較の段階に入った顧客に対するアプローチが川下営業です。

そこで、見出しの「見込み客を探す」とは何かですが、前述の「川上→川中→川下」のうち、川下あるいは川中の状況にあるお客様を探すという行為を指します。課題解決の方向性が具体的になっていたり、課題が明確に意識された状態のお客様への営業です。

現在の営業のほとんどは、この川下営業です。あるいは、時には川中営業のケース

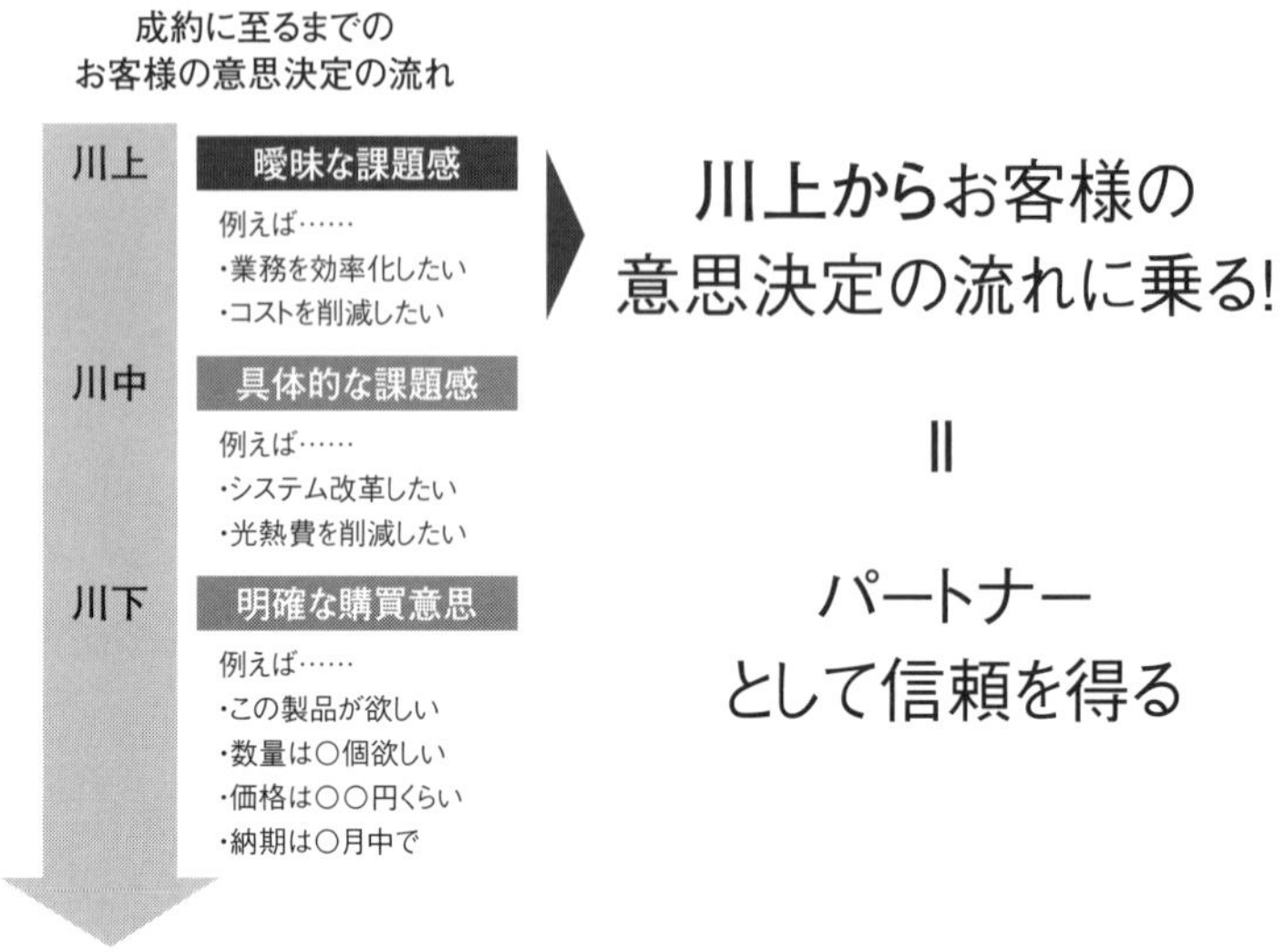

成約に至るまでの
お客様の意思決定の流れ

川上からお客様の
意思決定の流れに乗る!

॥

パートナー
として信頼を得る

もあるでしょう。それ自体は、決して悪いことではありません。課題が明確で購買意欲もあるのですから、うまくそのお客様の考えている条件にジャストミートする提案や見積を提示すれば、すぐに購入を決定してくれ営業成果に結びつきます。

しかし、この、一見手っ取り早い川下営業、川中営業だけを目指していると、条件競争に巻き込まれます。見積額が安いか、納期が早いか、製品のスペックはどうか等の条件競争。しかも、現在は前述したように「買い手側が非常に強い時代」なので、川下営業も川中営業も、ほぼ一〇〇パーセント、確実に条件競争に巻き込まれます。一昔前は、他社との条件競争になるのは川下における営業だけだったと言ってもいいのですが、買い手優位の現代では、それが川中にまで及んでいるのです。

だからこそ、まだまだ課題が明確になっていない川上のお客様に、どれくらいアプローチできるかが今後の営業の大きなポイントとなるのは確実です。川上営業にこそ、条件競争のコンペ状態から抜け出す鍵があるのです。

2．自社商品やサービスの特長を伝えることが大事ではない

商談の場で営業パーソンは当然、自社商品やサービスの特長、素晴らしさを強調します。モノを売り込む場合、それが必要不可欠なことであるのは、いつの世も変わりありません。

しかし、いまやそれだけでは受注を勝ち取れない時代となっています。自社商品やサービスの特長を伝えるだけの営業を行っている営業パーソンは、競合他社との競争に敗れ、あるいはまた、より大きな商談に発展するチャンスを掴(つか)みそこなうことにな

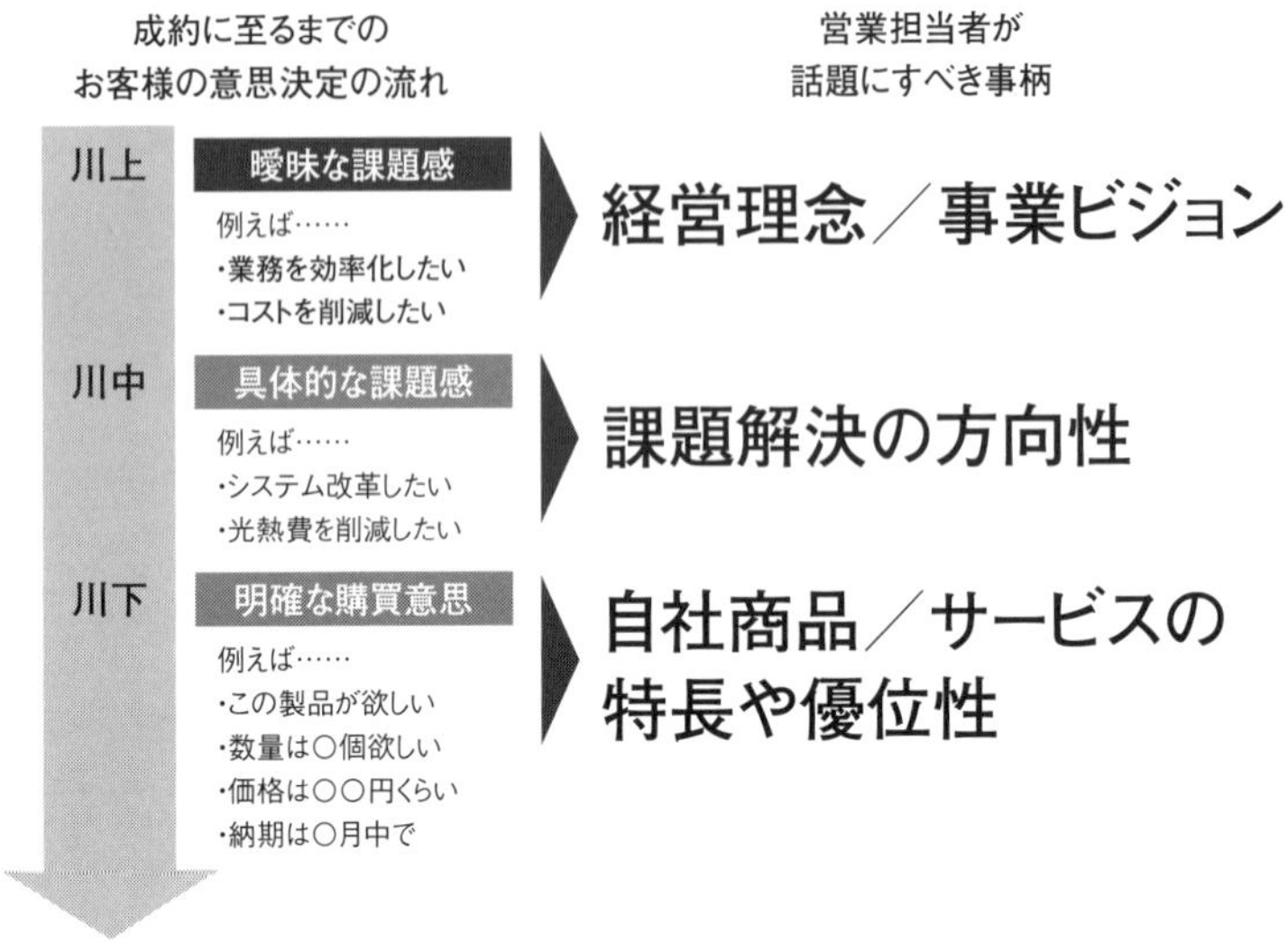

成約に至るまでの
お客様の意思決定の流れ

営業担当者が
話題にすべき事柄

	お客様の意思決定	営業担当者が話題にすべき事柄
川上	**曖昧な課題感** 例えば…… ・業務を効率化したい ・コストを削減したい	**経営理念／事業ビジョン**
川中	**具体的な課題感** 例えば…… ・システム改革したい ・光熱費を削減したい	**課題解決の方向性**
川下	**明確な購買意思** 例えば…… ・この製品が欲しい ・数量は○個欲しい ・価格は○○円くらい ・納期は○月中で	**自社商品／サービスの特長や優位性**

るでしょう。

前述した通り買い手側が圧倒的に強い今の時代、狙うべきは、見込み客以外の、まだ課題が明確になっていない「川上」のお客様。その「川上」への営業で最も大事なのは、自社商品やサービスの特長を伝えることではないのです。

では、何を語り何を問うべきなのか。

それは、顧客の経営理念や事業ビジョンについてです。

あらかじめ記しておけば、それこそが、本書で伝えようとしているインサイトセールスの肝とも言うべき部分なのです。

3. 自社実績の豊富さが大事ではない

自社商品を売り込みたいと必死の営業パーソンは、例外なく、次のようなことを説明したがります。

業界において我が社がどれほど高い地位を占めているか、得ている定評がどれほど高いものであるか。どのくらい多くの顧客に、自社の製品が利用され喜ばれているか。製品の品質の素晴らしさだけでなく、企業としての誇るべき歴史や業績も、一方的に強調しがちです。しかし、その種の話は、実は相手にほとんど興味を持ってもらえません。

いや、大事ではないと全面的に否定する必要はありませんが、それ以上に大事なのは、実績のうち、目の前のお客様のケースとの共通点だということを忘れてはなりません。

これまでどんな顧客を相手にどんな事業計画を実現するお手伝いをしてきたか、こんな課題を抱えていた企業でそれを解決してきましたなど、お客様と共通点のあるケースの実績を語ること。例えば、「御社と同じ三〇名程度の企業で、業務的にも共通点

実績の豊富さを訴求

共通点のある実績を訴求

のある化粧品会社への提案で、こんなことを実現してきました」等々。

お客様にとっては自分のところと共通点のあるケースこそ、そこでの実績は参考になり、価値ある情報となるのです。

4. 顧客の困っていることを聞き出せば刺さる提案ができる、わけではない

自社商品・サービスを購入してもらうには、最終的には、お客様のお困りごとを聞き出し、その課題を解決する商品・サービスを提案しなければなりません。

しかし、それだけでは、なぜ営業担当

者として私がこの提案をするのかという意味付けが薄弱です。なぜなら、他社も同じような提案をするに違いないからです。差別化ができません。そうなれば、既に指摘したように、同じようなものを「より安価で提供できます」「短期間で納入できます」など、条件競争の中で自社が譲歩し条件を引き下げる行為に走ることで他社との差別化を図るほかありません。

だからこそ、自社の提案に、より強い意味、背景を持たせるために、他社とは異なるアプローチが必要なのです。そして他社とは異なるそのアプローチこそ、本書がテーマとするインサイトセールスです。

インサイトセールスのポイントは、お客様の抱いている経営理念や事業ビジョンを聞き出し、その中に自社の提案を位置付けることです。理念、ビジョンを実現、支援する提案となれば、提案を受け取る側の心証は間違いなく良くなります。あなたの提案は相手の胸に刺さる提案となるのです。その結果、受注に繋がる。それこそがインサイトセールスです。

第2章

他社と比較されないためにしなければいけないこと

1. 新しい時代の営業のために、何をどう変えればいいのか

現在でも営業の主流として行われ続けている〝お困りごと・課題解決型〟の提案営業。しかし、ここまで述べてきたように、もはやそれだけでは十分な成果が見込めないのが今日および今後の営業マーケットです。営業の在り方が時代の大きな変わり目を迎えつつあるなかで、他社と差別化を図り成果を上げるために必要なのがインサイトセールスの導入ですが、その内容に立ち入る前に、整理する意味で個別の要素について考えてみましょう。

変えるべき重要なポイントは四つあります。

①ターゲット企業、②提案の中身、③会うべき相手、④話の中身、です。

一つ目の、①営業におけるターゲット企業の転換とは、第一章で述べた、川下・川

中営業ではなく川上営業に転換するということ。

見込み客ばかりを追う営業、つまり解決すべき課題が具体化しており購買意思が明確な企業をターゲットとする川下営業ではなく、まだ課題が明確になっていない川上のお客様へのアプローチを強化すべきだということです。手っ取り早いからと見込み客ばかりを数多く回る「量の営業」から、より大きな成果に発展する可能性のある川上の企業をターゲットにする「質の営業」への転換。一見効率的に見えるが条件競争に巻き込まれるのが必至で、薄利の苦しい営業とならざるを得ない川下営業に対し、その状態から抜け出す鍵が川上営業にあります。

次に②会うべき相手。従来の営業ではお客様側の現場担当者との商談が普通ですが、新たな営業スタイルとして採り入れたいインサイトセールスでは、相手企業の経営トップとの面談を求めることになります。

なぜそれが必要かと言えば、次の③話の内容と関わってきます。新しい時代に勝てる営業を追求するなら、お客様から傾聴すべきは経営理念や事業ビジョンだからです。また、そのなかに見えてくる経営トップの価値観だからです。単に現場レベルが現時点で抱えている課題やお困りごとを話し合うだけではなく、テーマが経営自体に関わ

●他社と比較されないために

①ターゲット選定!

企業を選ぶ、人を選ぶ……

②顧客経営層へのアプローチ

代表取締役、上級役員……

③顧客経営層からの徹底傾聴

経営理念、ビジョン、環境変化……

④理念／ビジョン実現への先回り提案

理念実現、将来の機会獲得、リスク回避……

るとなれば、当然、経営トップこそ最適の話し相手となります。

最後に④提案の中身。これまで普通に行われてきたのは、目の前の問題に対する提案でしたが、これからは未来に向けた提案が大切になります。お客様経営層から徹底傾聴した理念／ビジョンの実現を支援するための提案や、お客様がまだ認識できていない環境変化を見込んだ先回り提案です。

営業の場で経営理念や事業ビジョンについて傾聴するのは、一見、迂遠(うえん)な行為に見えますが、それが結局はコンペ状態から抜け出す提案の鍵となるのです。

2. 顧客に刺さる提案、惜しい提案、話にならない提案

営業のターゲットを「川上企業」とし、提案の中身もお客様のビジョンに沿った「未来に向けたもの」とする。そのために、お客様企業の「経営トップと会い」、その「経営理念や価値観を傾聴し、語り合う」――前記した新しい時代に必要な営業の在り方を実践した事例を、ここで一つ紹介してみましょう。

自販機の事例――従来型営業では達成不可能。どうクリアするか

ある大手飲料メーカーの営業パーソンA氏が、自社商品搭載の自販機を、三カ月間でドラッグストア一四〇店舗に設置することに成功した話です。この事例からインサ

イトセールスの原型のようなものが感じ取れるのではないかと思います。

飲料メーカーにとって商品を捌（さば）くチャネルは、大別すれば三つ。大手スーパー・コンビニ等、飲食店、自販機です。このうち、自販機の場合は、設置する場所を確保するのが営業活動となります。それを担当する営業パーソンA氏を弊社が支援した時の話です。自販機の設置は簡単ではありません。ビル街ならオフィスに飛び込んで、「そこスペースありますよね。置かせてください」と交渉して、「どうぞ」と言ってもらわなければなりません。A氏は地方の某地域を担当し、年間二〇〇台という目標を立てていました。これは、普通に営業していたら絶対不可能だろうというほどの厳しいハードルです。そこで、われわれはターゲットを決めて、リソースをそこに集中しようということになりました。

A氏の担当するエリア内で二〇〇店舗を展開しているドラッグストアをターゲットにしたのです。そのチェーンは店頭の自販機設置率がゼロでしたから、全二〇〇店舗に設置できれば目標達成。ターゲットとしては非常に適切だと思われる企業でした。

A氏は汗水垂らして奮闘しました。一店舗ずつ訪問して、空きスペースの位置を確認してはメモし、店頭のベンチにどんな人が座っているか等々もつぶさに調査して、本部に自販機設置を提案しに行ったのです。

「〇〇町のお店では暑い日にお年寄りが店の前のベンチで休んでいました。そこに自販機が一台あれば、店頭スペースが憩いの場となるのでは?」などの言葉も添えて。

その結果、設置に成功したのは半年で二台だけ。このままでは目標達成は絶対無理。やり方を変えようという話になりました。

何を、どう変えたのか。その内容と結果は、以下の通りです。

理念やビジョンを提案に紐付ける

そのドラッグストアに関する情報をとにかく集めることにしたのです。雑誌記事、新聞、企業のホームページ……何でもいいからと。すると、同社の社長さんが登場する雑誌記事が見つかりました。その中で語っていたのは「弱者の味方でありたい」ということ。ホームページを検索しても全く出てこなかった話です。弱者とは体が不自由であったり健康状態が悪い身体的弱者。ドラッグストア経営に乗り出した動機とも繋がる話でした。

その社長さんは母子家庭で育ち、母親が病弱で十分に働けず経済的にも困窮。子どもながら薬屋さんに頭を下げて薬をツケで売ってほしいと頼んだこともあったとか。しかし、誰も助けてくれず、弱者に対する冷たさを感じ、こんな世の中を変えなきゃと、自分で弱者の味方である企業を作ろうと考えたのです。

現に、事業に成功した今、盲導犬協会を支援していました。そして、同協会が年一回行うイベントにも社長みずから出向いているという事実を掴んだA氏は、その会場で社長にアプローチすることにしたのです。同社には事前に、お邪魔でなかったらお声掛けさせていただくということで了解は得ました。

当日はA氏だけでなく自社の役員も同行。その役員が社長さんに声を掛ける形を採りました。伝えたのは三つ。①ドラッグストアの理念に大変感銘を受けたこと、②自社の理念やビジョン、つまり大手メーカーとなり全国で仕事をしているが、一人ひとりの営業パーソンは地域と地域の企業に貢献したいという気持ちで仕事していること。③御社の理念・ビジョンの実現に向けて、弊社から現に地元採用を大切にしていること。これからも地元の発展のために頑張りたいということ。

そのうえで、最後は一言だけ。

提案させていただくことは可能ですかという点。

そのドラッグストアの社長さんの反応はというと、一見、素っ気ないものでした。提案いただくのは構わないが飲料屋さんと一緒に何ができるでしょうか、とりあえず窓口は決めるからそこに提案しておいてくださいというもの。

結論から言うと、その後、三カ月間の営業活動で一四〇台の設置が決定。従来型の提案営業を半年コツコツ続けて二台しか受注できなかったのに比べ、七〇倍の成果です。提案を理念やビジョンと紐付けた結果です。

具体的には、自販機の前のパネルに、「この自販機の売り上げの一部は盲導犬協会に寄付されます。昨年度は〇〇円でした」というメッセージを付したのです。自販機を社会貢献活動アピールのツール（支援自販機）として使いましょうという提案。

だからこそお客様の胸に深く刺さる提案となることができたのです。

ここで大切なのは、提案の中身もさることながら、その提案に至るまでの過程です。相手経営者から話を聞き、その考え方をしっかり理解するという過程を経たうえでの提案だからこその成果なのです。この過程こそがインサイトセールスです。

ちなみに、この営業パーソンが最初に二台受注した時の休憩コーナー提案は、お年寄りの困りごと解決に繋がってはいますが、お客様企業との共感性には乏しく、「惜しい提案」どまり。さらに、ひたすら「自販機を設置させてください」だけの営業だったならば、単に商品紹介と変わらないような「話にならない提案」と言わなければなりません。

3. 担当者を攻略しても受注はできない

新しい時代の営業のために変えるべき点を列挙してきましたが、まとめとして改めて記せば、次のようになります。

従来のソリューション営業の場合、ターゲットは、課題を抱えていてどう解決しようかと悩んでいるお客様や、需要は明確だがそれをどう満たすかの方策が分からないようなお客様だった。したがって、コミュニケーションの中心は現時点でお客様がお困りのことを正確に把握するためのもの。

それに対して、新しい営業スタイルとして注目すべきインサイトセールスの場合は、まずはお客様の経営理念や事業ビジョンを徹底傾聴することがポイント。何を目指しているのか、何を実現したいと考えているのか。お客様が胸に描いている想いを傾聴する。最終的にはその目標実現に必要な課題解決策の提案へと話が落ち着くにしても、です。

提案営業は、課題解決型にしてもインサイトセールスにしても、いずれにしろ「語る前に聞く」が大切ですが、何を聞くかが全く異なるわけです。

また、インサイトセールスにおける相手の理念やビジョンにじっくり耳を傾けるという行為は、それ自体が話す側のなかに共感を生みだします。その時点で既に他社より一歩抜け出すことともなり、差別化に繋がります。

会社レベルで経営理念や事業ビジョンを最も熱く語れる人物とは誰かと言えば、それはまぎれもなく経営者自身です。ですから、インサイトセールスを実践しようと思ったら、究極的にはその企業のトップにアプローチすることが大切であり必要になります。

だから、これからの営業は、単に現場の担当者を攻略すればいいというわけではない。これまでとは全く質が異なった営業スタイルについて学び、理解を深め、身に付けることも欠かせない。そういう時代がやってきているのです。

第3章

インサイトセールスとは何なのか

1. いま必要なのはインサイトセールス

インサイト（insight）は直訳すれば「洞察」「見識」を意味する語です。「インサイトセールス」となれば、「顧客すら気づいていない顧客の課題」を見つけ、顧客と合意して行っていく営業のことです。

インサイトセールスを実践し始めている先進的な企業、営業パーソンは、次々と成果を上げています。しかし、現状はまだまだごく一部で行われているに過ぎません。これからの時代はインサイトセールスでなければ生き残れないと言われ始めている一方で、その考え方は広く知られたものとは到底言えません。

そこで、この章ではインサイトセールスについて、①概念的な説明と、②実践する場合の手順の大筋とに分けて、説明しておきましょう。

1. 概念的な説明

インサイトセールスのコンセプトは、究極的には、お客様の価値観に沿った営業を行うということです。その前提として、提案営業としては先見性のある提案をしましょうというものです。

先見性のある提案とは、一つには、ソリューション提案とは異なる、お客様のビジョンの実現に向けた提案を行うということ。もう一つが、お客様が晒されている環境の変化を先回りした提案をすること。

ビジョンの実現に向けた提案という点から述べていけば、お客様自身もついつい目先の問題解決に目が向きがちですが、より本質を探っていけば、ありたい姿の実現、目指したい姿の実現、ビジョンの実現、理念の実現というものを目指しているはずです。ですから、目先の問題解決に目を向けさせるような提案ではなく、ありたい姿の実現をコンセプトとした提案を行うよう努める。そういう営業は、これからの時代、非常に大事になってくると思います。なぜなら、人間というのは、未来に目を向けるほうがワクワクした気持ちになるからです。

●インサイトセールスとは

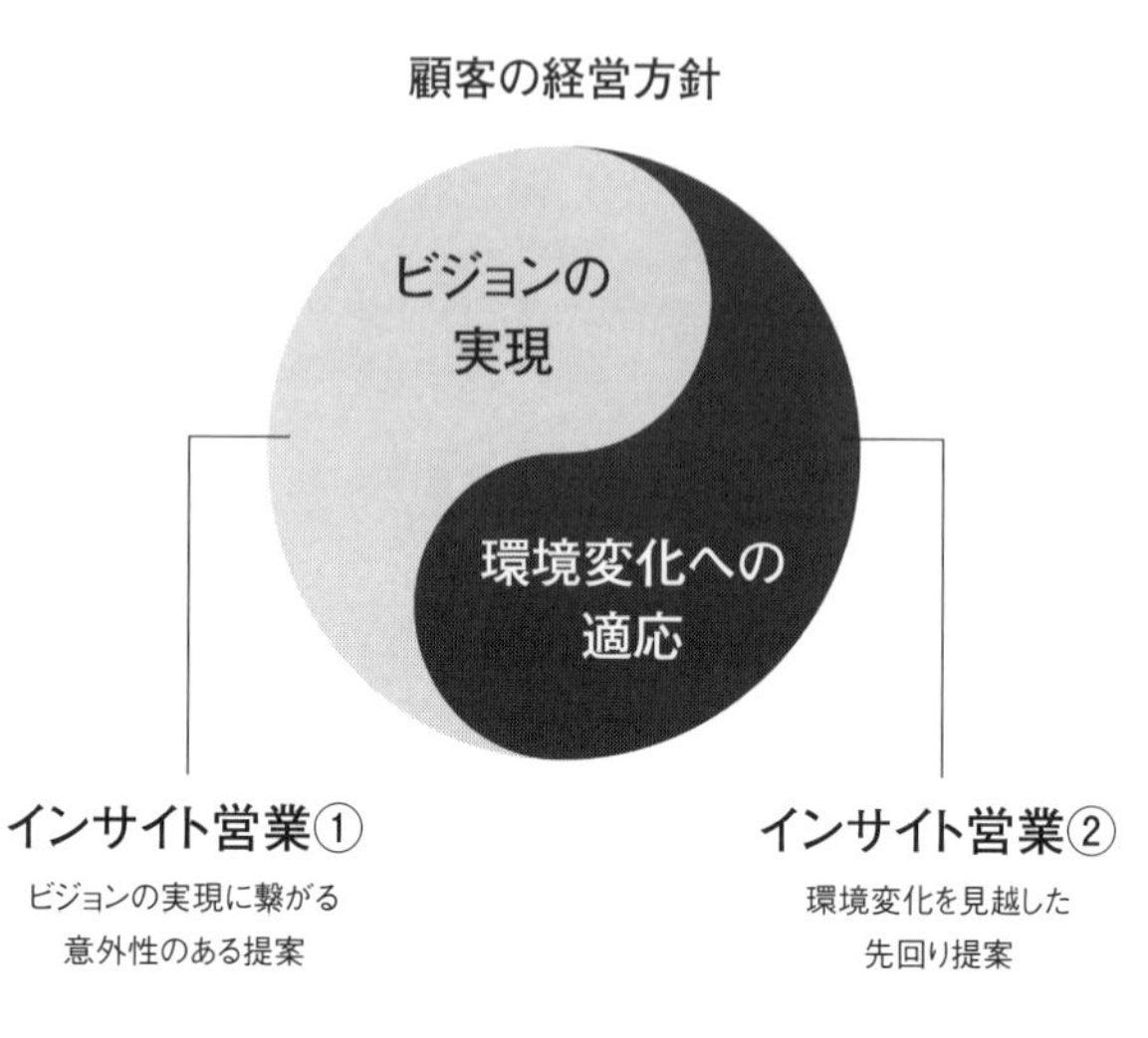

例えば、課題解決で一番典型的な例はコスト削減でしょうが、「コスト削減、明日から頑張るぞ！」と号令されて楽しい気分になる人はあまりいないでしょう。同じ「コスト削減」の話を持ち出されるにしても、「お客様からの評価をナンバーワンにしたい。そのためにできることを考えよう。それなら、一つにはコスト削減があるよね」と提起されたほうが、ワクワクする確率は上がるはず。

この、ありたい姿の実現、ビジョンの実現に目を向けた提案をするというのは、換言すれば、お客様の価値観に沿う営業をしましょうということに繋がります。

お客様の目指すビジョンが、例えば

課題解決型営業 （ソリューションセールス）		インサイト営業 （インサイトセールス）
●明確な課題がある企業 ●需要が確実に存在する企業	ターゲット	●理念・ビジョンが明確な企業 ●環境変化に晒されている企業
●お客様の課題の仮説立案 ●課題解決方法の素案作り	事前準備	●理念・ビジョンの仮説立案 ●ビジネス環境調査
●お客様の課題確認 ●自社商材への関心有無を確認	商談内容	●理念・ビジョンについて傾聴 ●ビジネス環境変化の確認
●お客様の課題解決 ●自社商材の優位性	提案内容	●経営理念やビジョンの実現 ●環境変化への先回り対応

「この地域でナンバーワンになる」であれ、「事業をグローバルに展開したい」であれ、どちらが正しいという話ではなく、価値観の問題。その価値観に寄り添う営業がインサイトセールスの一つの切り口となるものです。

冒頭でもう一つの切り口として、環境の変化を先回りした提案を挙げました。企業は常に環境の変化に晒されているうえに、その環境変化の速度は年ごとにどんどん速まっています。会社の成長をもたらす道は、ビジョンを実現するという方向か、あるいは環境の変化に適応していくことでしょう。

いずれにしろ、インサイトセールスと

は、お客様企業の成長に繋がる、先見性ある提案を行う営業であり、お客様の目先の意識の中にはない部分を掘り起こして提案する営業なのです。

ただ、環境変化については、各顧客企業の属するマーケット一つ一つについてその環境をつぶさに調べ上げ、環境変化を先回りして一社一社に対して何らかの提案を行うということは、営業パーソンにとって現実的には厳しい作業です。自社のマーケティング担当の協力を仰ぎ、そのデータから、できるかぎりの提案書を作成し紹介するというスタイルを取らざるを得ないでしょう。

したがって、営業パーソンが主導するのは、顧客サイドと直に接する立場上可能となる、ありたい姿の実現、ビジョン実現に目を向けた提案を行うタイプのインサイトセールスとなるでしょう。

2. インサイトセールスを実施する場合の手順の大筋

右に記してきたインサイトセールスを行うには、従来の営業手順、営業シーンとは異なる要素がいろいろ出てきます。インサイトセールスの進め方の基本的な道筋を示せば、おおよそ次のようになります。

1. 営業パーソンが、お客様企業の担当者に、インサイトセールスを行いたい旨、説明し同意を得る。
2. 顧客企業経営トップとの面談を申し込む（企業規模によっては、ここから開始）。
3. 顧客企業経営トップとの面談に臨むための社内調整を行う。
4. 顧客企業経営トップに関する情報の収集（できれば1．の時点以前から開始）。
5. 経営トップとの面談で、経営理念やビジョンを傾聴する。
6. 右記ビジョン実現のための提案。
7. 受注したい自社商品・サービスについての提案。

項目だけ列挙すると以上のようになりますが、ここで、現場で働いてきた営業パーソンのほとんどが、こう感じるかもしれません。

「自分に、経営トップと論じ合うことなどできるだろうか」、そもそも「トップとの面談のアポイントを取るなんて可能だろうか」、「経営理念やビジョンと言っても、いったいどう考えればいいのだろう」——などと。

しかし畏れることはありません。まえがきでも述べたように、本書では、その具体的な方法やポイント、注意点、スキルとして身に付けるべきこと、その訓練法などを、細かくお伝えしていきます。

各項目の説明に入る前に、ここで、いくつかの具体的な事例を紹介しましょう。冒頭に掲げたインサイトセールスの概念を分かりやすく描写した事例と、インサイトセールスの手順や趣旨を感じ取れる、インサイトセールスの原型とも言えるようなケースです。

2.「ありたい姿の共感」がビジネスを創り出していく

銀座のアパレルショップで体験した見事なセールス

最初は企業対企業ではなく、私自身のきわめて個人的な体験から。私が買い手側で、アパレルショップ店員の見事なセールスぶりに遭遇した事例です。結果的に予算の倍以上の買い物となったのは、次のような経緯によってでした。

海外で結婚式を挙げた友人が、日本でやる二次会の招待状を送ってきた。私は当然「出席」すべき仲なので、日時と場所だけを確認して、すぐ返信を投函。細かい文面は読まずにいた私は、二次会前日の朝、初めて内容に目を通して愕然（がくぜん）。土曜日のパーティーだが、「ドレスコード」ありで、「おしゃれカジュアル」だというのだ。私の頭の中には、礼服に白ネクタイしかなかったので大慌て。ジャケットは何とかなるものの、パーティーにふさわしい、おしゃれなパンツなど持っていない。

解決手段は一つ。買うこと。予算は二万円。パーティー前夜の金曜の夜、仕事を早めに切り上げて、銀座の某アパレルショップへ。が、満足度八〇点の品しか見つからず、系列の有楽町店のほうに行ってみようと思った時は既に夜八時近く。有楽町に行ってみて、やはり満足できる品がなかったら……。銀座に戻ってさっきの八〇点をと思ったら、既に閉店――では最悪。

そこで、お店の人に閉店時間を尋ねる。普通なら返事は「八時までです」だけだろうが、その後に「何かお困りでいらっしゃいますか」と。そこで、有楽町店で探すつもりだと話したところ、同店に問い合わせて銀座以上の品揃えはないこと等を確認してくれた。そして用途を聞かれたので事情を説明すると、「例えば先ほどお手にとられていたパンツであれば、こういう組み合わせが」と、ジャケットとインナーとベルトとパンツを組み合わせて見せてくれた。

すると、八〇点だったものが九〇点超にアップ。結局、一式買い揃えて、予算の倍

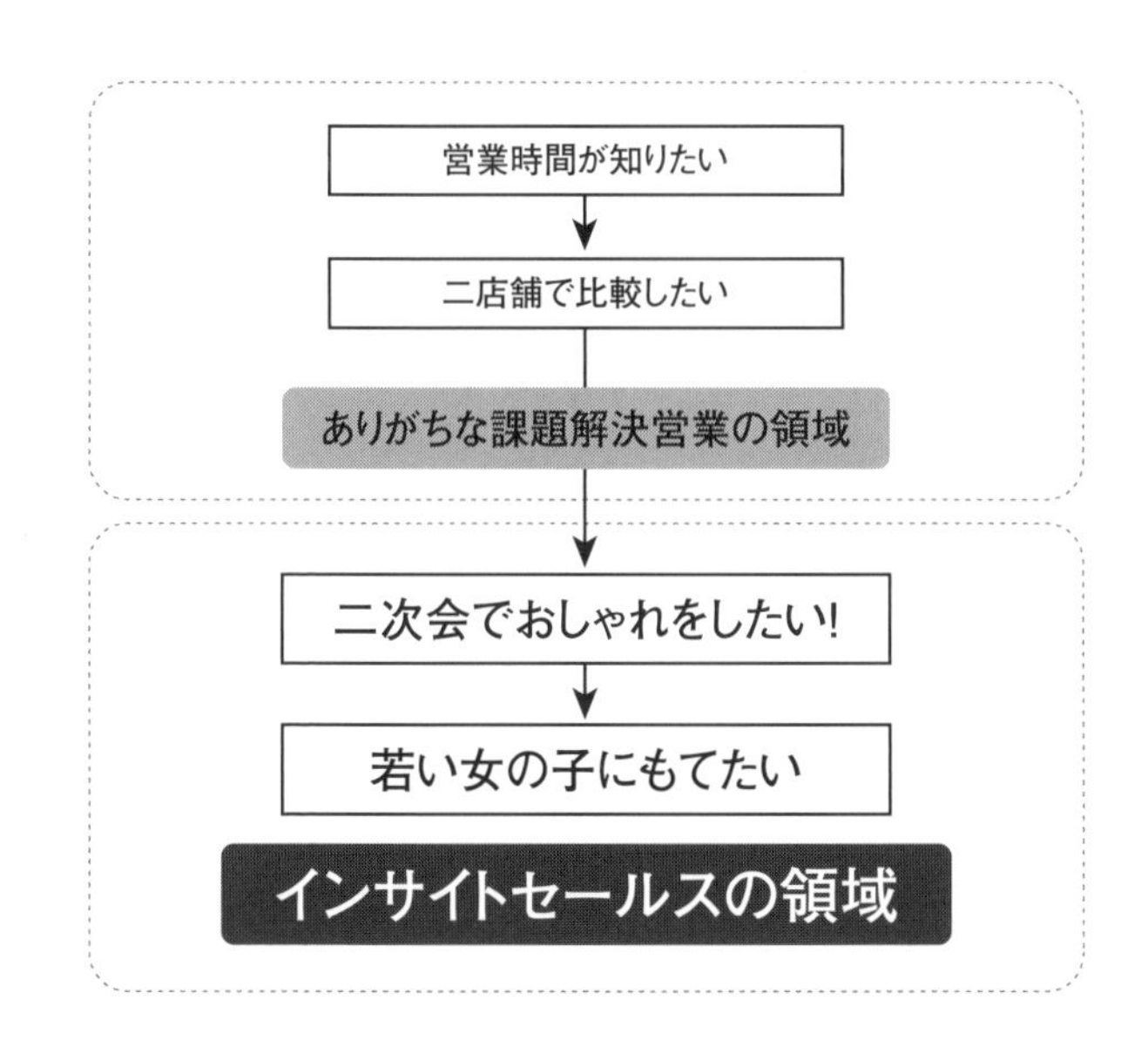

近い額をカード払いすることに。

私が最初にお店の人に伝えた要望は「営業時間を知りたい」だけで、目先の困りごとは「おしゃれなパンツがなくて困っています」だったが、その裏側にあった、二店舗で比較したいというニーズや、そのさらに裏側の二次会でおしゃれをしたいという思い、さらに奥に潜んでいた、パーティーで若い女の子にもてたいというビジョン（笑）、ありたい姿まで感じ取ってくれ、それを踏まえて一式を提案してくれた営業ぶり。そうなると、こちらも明日が楽しみになり気分はウキウキ。提案に耳を傾けざるを得ませんでした。

お困りごと解決策も、ありたい姿と結びついた提案であるほど受け入れたいものとなるのです。

3. インサイトセールス成功事例の実際

ライバルの二倍の見積額でも受注できたIT企業

次に、実際のビジネスの場での成功事例を。

某IT企業（A社）が顧客に基幹システムを提案した事例です。A社の見積が二〇〇〇万円で、競合B社は一〇〇〇万円。金額に二倍も差があるので、通常ならA社はとても太刀打ちできないケースです。受注獲得は厳しい。ライバル社の見積額を顧客から聞き出せるような優秀な営業パーソンとはいえハンデが大き過ぎます。

このA社の営業パーソンを私がお手伝いした時の話です。これまでとは違う工夫をしようということになりました。まず、プレゼンテーションの場にお客様の社長に同席してもらい、さらに、提案書の中身も変えたのです。

A社の従来の提案書は基本フォームが決まっていました。表紙があり、お客様の課題を整理するページがあり、課題解決の方向性を端的にまとめるページがあって、その後、システムの提案に入る。その構成を変えることにしたのです。

具体的には、表紙の後に一枚メッセージを入れたのです。その内容は、「お客様の経営ビジョンの実現を、われわれがお手伝いし、この提案で実現したい」ということと、「自分たちが何にこだわって提案するのか」を表現したもの。一枚のスライドにまとめ、同行してもらったA社の役員に喋(しゃべ)ってもらったのです。

その成果は？　プレゼンの前半、お客様の社長の反応はノリノリでした。プレゼンするA社役員の「御社のこのビジョンに感銘を受けました」等の言葉を遮って、「よくご存じですね。いったいそれ、どこから聞いたんですか」と、身を乗り出して質問す

●ライバルの2倍の見積額で受注したプレゼンテーションのイメージ

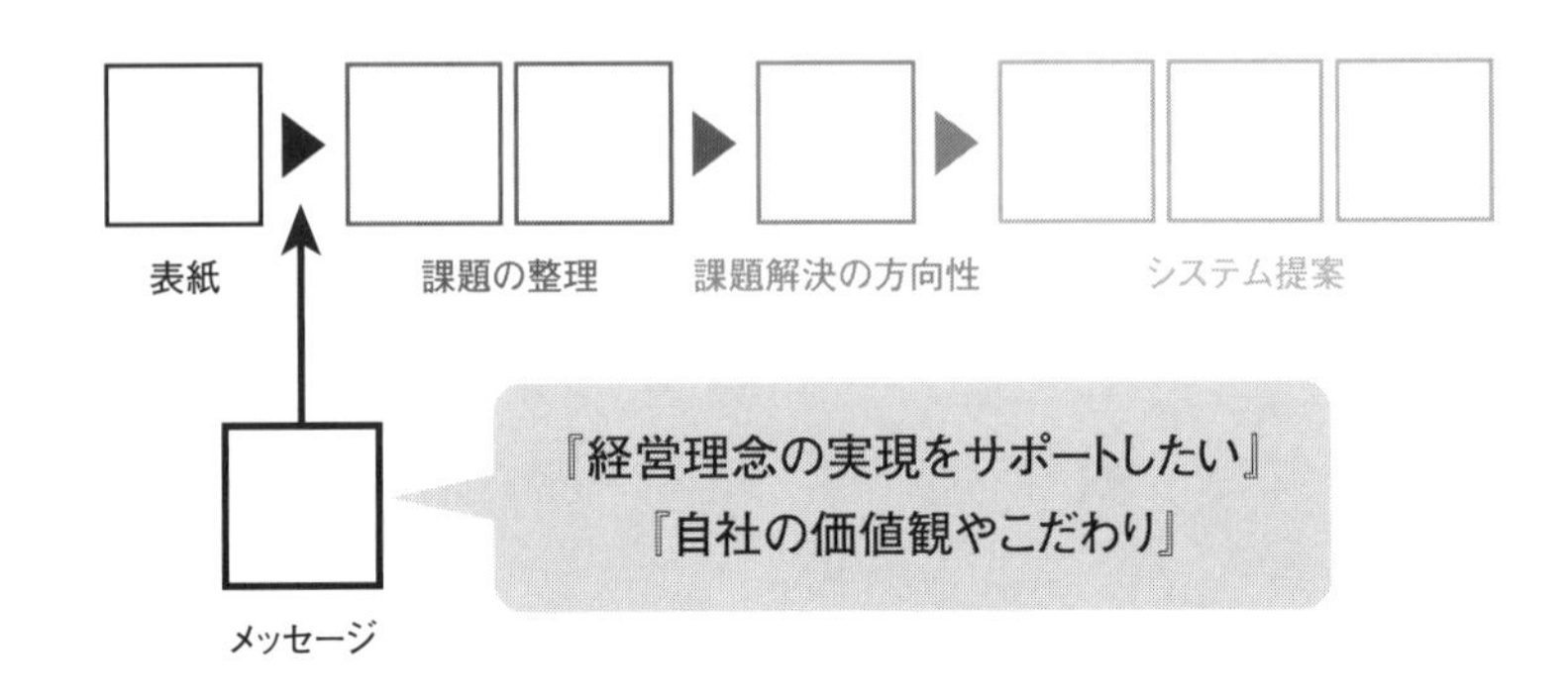

るほど。

　ところが後半は、課題解決の方向性を整理するあたりから次第に様子が変わり、最後のシステム提案の話に入るや、社長は爆睡。営業の場で、発注決定権者が寝ている姿を見るのは、針の筵（むしろ）以外の何ものでもありません。A社一行は肩を落として帰路に。

　しかし、結果は受注、大成功！　翌日、相手方の社長秘書から電話があり、失礼な応対を謝罪した後に、社長はA社のプレゼンの早い段階から発注を決めていたこと、理念やビジョン実現のための提案という点に感銘を受けたことを伝えてきたのです。その社長は営業畑出身で「システムの細かい話は分からんし、発注を決めたからには、後は担当者任せでいい」という気持ちもあっての爆睡だったようです。

いずれにしろ、見積額二倍という不利を、理念・ビジョンに結びつけた提案でひっくり返したわけです。これも、条件競争から脱却するための手段としてのインサイトセールスの好例と言えるでしょう。

難攻不落の新規顧客から受注できたトラック業界の事例

運送会社にトラックを売り込んだケースです。この業界、新規顧客を獲得するのは至難の業。なぜなら、現在、日本のトラック業界は四社の寡占状態（いすゞ自動車、日野自動車、UDトラックス、三菱ふそうトラック・バス）で、そのうえ一台買えば約一〇年、一〇〇万キロは使うのが普通。一台一〇〇〇万～二〇〇〇万円もする高い買い物でもあり、毎年毎年買い替えるようなものでもないからです。

しかも、運送会社には常に同じメーカーのトラックを購入するところが多いため、他社が新規に食い込むのは難しく、受注のハードルはきわめて高い業界。

その一方で、社長と会うハードルは意外と低いのも特徴です。トラックは高額なので社長決裁が普通だからです。このような業界での営業ですが、従来は提案書という名の見積書を出すだけで終わっていました。売り手も買い手も、それが当たり前だと思っていたのです。

そこで、われわれは営業担当者に、運送会社の社長から会社の歴史や経営理念、ビジョン等を聞き出すよう勧めたのです。すると何が起きたかと言えば、最初は「忙しいから数分だけね」と渋っていた社長が、結局、何時間も喋り続け、最後には二台発注してくれたのです。

なぜか。運送会社は地場に密着しているところが多く、地元にみずから会社を立ち上げたり、親の代からの会社を譲り受けて経営している社長も少なくありません。経営に対する強い思いも持っています。だからでしょう、「そもそも創業のきっかけは?」「どういう会社を目指しているのですか?」という問いに、熱心に答え続けてくれたのです。

そもそも経営者は、本来、自分の理念やビジョンを語りたいもの。ところが、それを喋る機会はほとんどない。身近な人々は改まって聞こうとせず、かりに朝礼などで喋っても社員は「またその話か」ぐらいにしか耳を傾けてくれません。訪ねてくる営業パーソンにも、そういう話を聞き出そうとする人はいない。

だから、経営に対する自分の思いを傾聴してくれる営業パーソンの存在は、実は当の社長自身さえ気づいていなかったほど、歓迎すべきありがたいものだったのです。

その運送会社の社長の場合、予定を大幅にオーバーして何時間も滔々と語ってくれたうえに、最後は、みずから「で、何を買えばいいの」と切り出すほどで、その場で受注即決となりました。

第4章

経営トップと何を、どう話せばいいのか？

1．営業パーソンが経営トップにアプローチしない意外な理由

営業パーソンとして、現在の買い手優位の営業新時代を勝ち抜く鍵は、インサイトセールスにある。そのポイントは、お客様の経営理念やビジョンを聞き出すこと。それらを聞き出す相手として最も適しているのは、当然、経営トップ。となれば、顧客企業の社長にアプローチすることが必要になる。

――ここまで述べてきたように、営業パーソンとして受注の成果を上げるには、相手企業のトップに会って交渉することも必要な時代となっています。事実、営業戦略上の姿勢として、顧客トップとの関係構築を上位に置いて重要視している企業は近年増えてきています。

●営業担当者が顧客トップへのアプローチを積極的に行わない理由

N=404　2014年株式会社アルヴァスデザイン調査

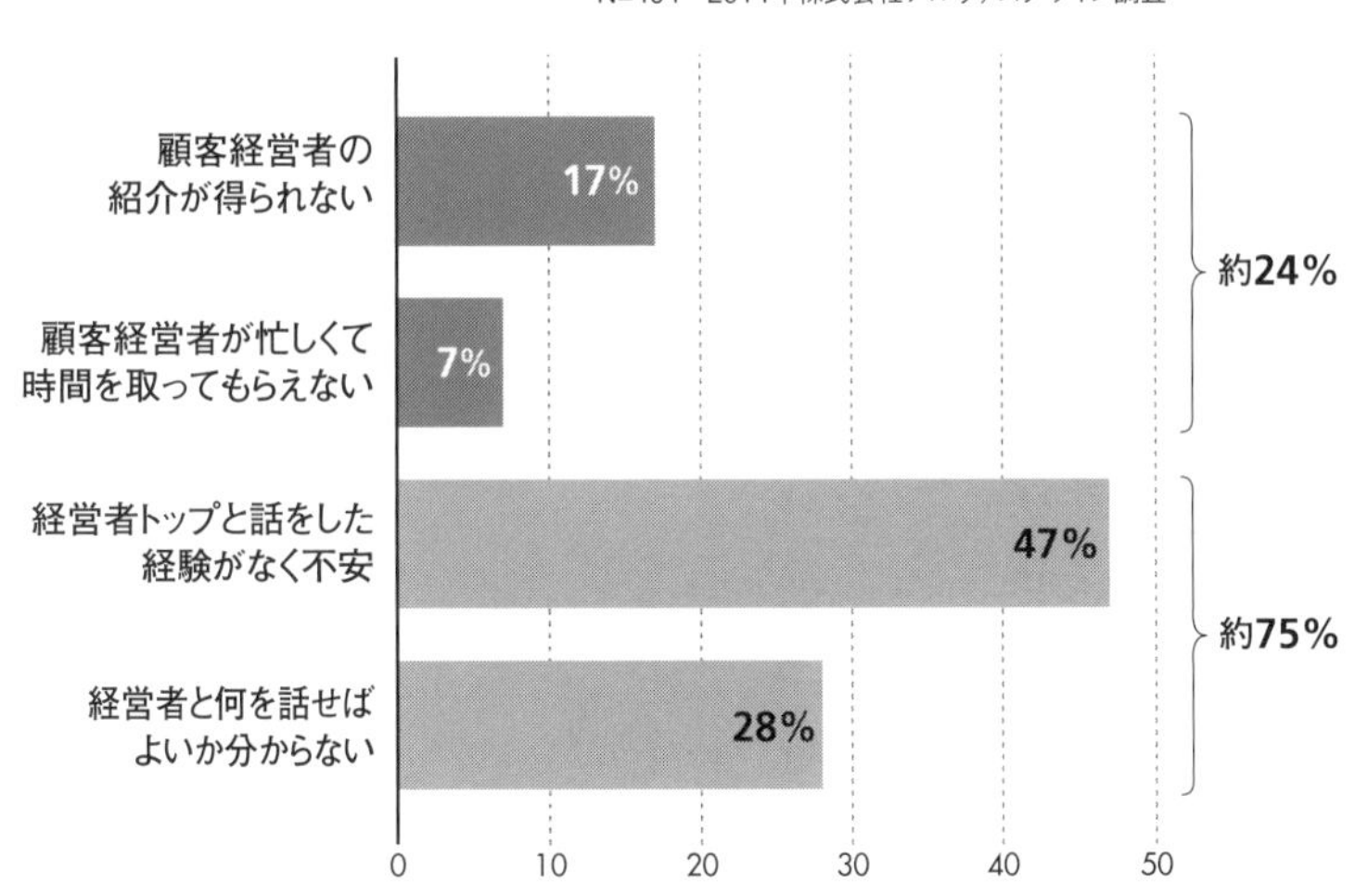

しかし、現実にそれを実行している営業パーソンはほとんどいない――それが実態でしょう。

なぜ、営業パーソンは、顧客トップへのアプローチを積極的に行わないのか。その理由を探るために、私はアンケート調査を実施しました。

調査する前に私が想定した回答（理由）は、次のようなものでした。

「経営者が忙しくて会ってくれない」「経営者とアポイントが取れない」「会うための紹介が得られない」などです。

しかし、実際の調査では、それらの回答は約25%程度にしか過ぎませんでした。残る75%は、なんと「経営者トップと話した経験がなく不安」や「経営者と何を話したらいいのか分からない」だったのです。換言すれば、「雲の上の人には、ビビって声を掛けられずにいます」ということ。

であれば、インサイトセールスについて語る本書においては、顧客企業のトップと話すためのポイント、ノウハウをきめ細かくお伝えすることが重要になってくるでしょう。

ビビっている営業パーソンたちの多くは、経営トップと会い話をした経験がないことに不安を抱いていると思われます。つまり、経営トップへの営業をうまく進めるには経験が必要だと考えているのです。

しかし、これは錯覚です。実は、単純にスキルの問題なのです。スキルなので、説明し伝えることが可能です。本書の大きな目的の一つは、その点にあります。

そこで、①経営トップに会うためのアプローチと、②会えた時に、何を話せばいいのかを述べることにします。

2. 経営トップが関心を持つ領域を理解する

①は後述するとして（第五章）、ここではまず、②の「経営トップとどう話せばいいか」から記します。

これを考える時、第一に心得るべきことは、経営トップは企業活動における各種要素・テーマのうちどんな領域に関心を持っているかを理解することです。

企業活動の要素は、次ページの図のようにピラミッド型の四階層に分けて考えることができます。三角形の上から順に、次の通りです。

①理念・ビジョン
②戦略

●組織階層別の関心領域

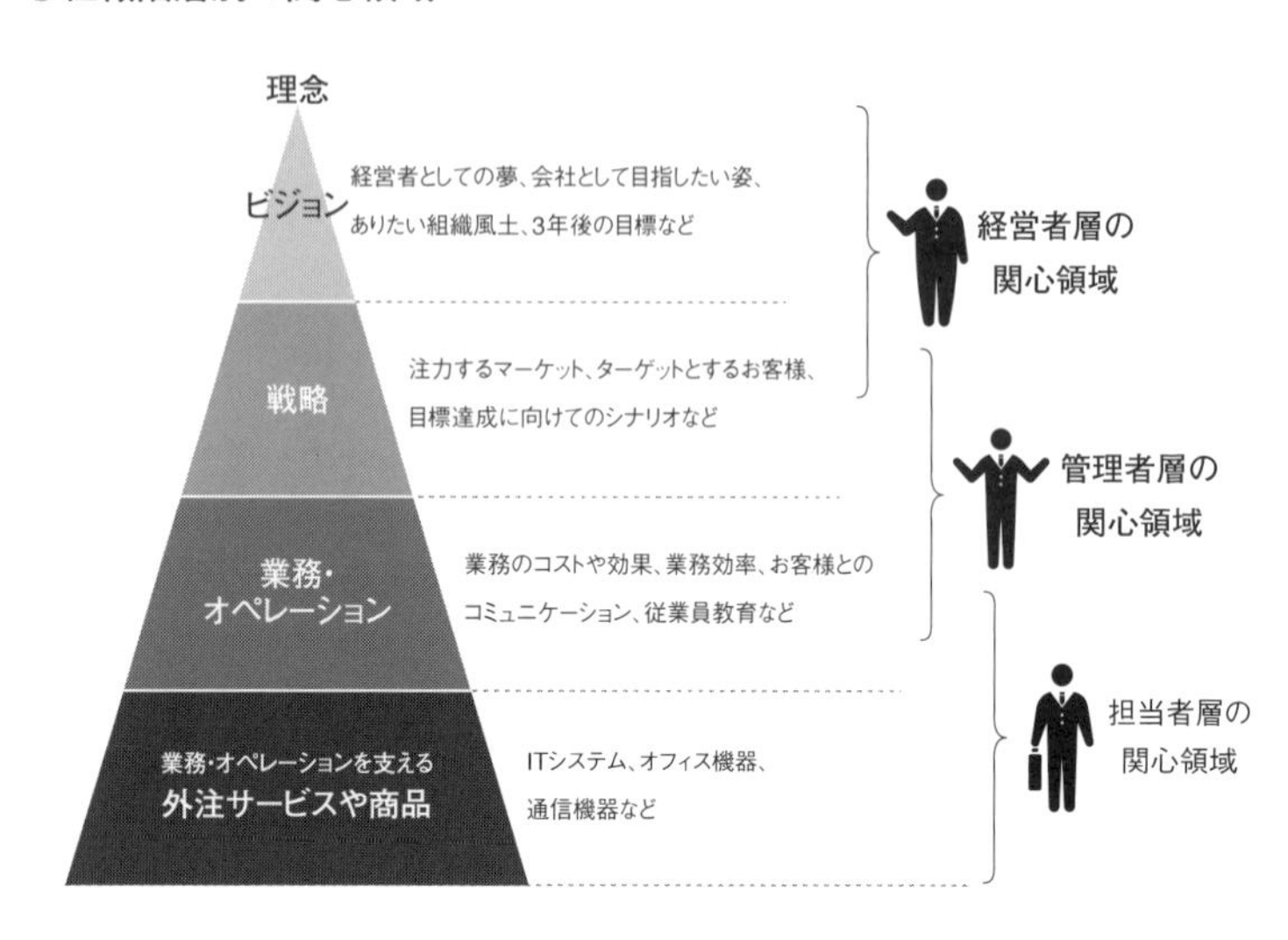

③業務のオペレーション
④外注サービス・商品の購入（業務をより円滑に行うための）

この四階層は、互いに目的と手段の関係になっています。一つ上の階層が目的で、下が手段です。①理念・ビジョンを実現するための手段が②戦略、その②戦略を実行するための手段が③業務のオペレーション、③を円滑に行うために④が必要——といった関係です。

これらのうち、現場の営業パーソンが興味を持っているのは、下の二つ。つまり、④外注サービス・商品の購入と、③オペレーションです。また、中間管理職は、真ん中の二つ。③オペレーションと、②戦略。

しかし、経営者が関心を持っているのは、より上の二つ。①理念・ビジョンと、②戦略です。

以上のような構図があるので、現場の営業パーソンが顧客の経営者相手に、最初から④階層の話（具体的な商品売り込み）を持ち出しても、その途端に経営者にそっぽを向かれ、蹴散（けち）らされることになりがちです。一度でもそんな経験があると、経営トップに会えと言われても営業パーソンはビビってしまうに違いありません。

従来の問題解決型の営業ばかりをしてきた営業パーソンは、経営者を前にしても、どうしても「……ですから、これを使ってください」と、話の中身が④に終始しがちで、せいぜい③どまり。そのため経営トップとは会話がスムーズに運ばず、恐怖心だけが残ることになりがちなのです。

社長の話したいことに焦点を合わせることがポイントで、その焦点こそ、①の経営理念やビジョンなのです。

3. 経営理念とは何か

「経営理念を聞き出しましょう」と言うと、具体的に何を聞いていいのか分からないというビジネスパーソンが案外少なくありません。

そこで、経営理念について、より具体化して説明しましょう。聞き出す観点は二つだけ。①何を大切にしているか、②何を目指しているか。この二つに尽きます。

①何を大切にしているかは、価値観を問うことになります。例えば、企業によっては思いやりや利他の気持ちを大事にしているところもあれば、それより物事を客観的に捉えることだというところもあるかもしれません。あるいは、従業員の働きがいを大切にしている、従業員だけでなく従業員の家族が幸せになることが大事だという企業。さまざまあるでしょう。

●経営理念/ビジョンとは何か

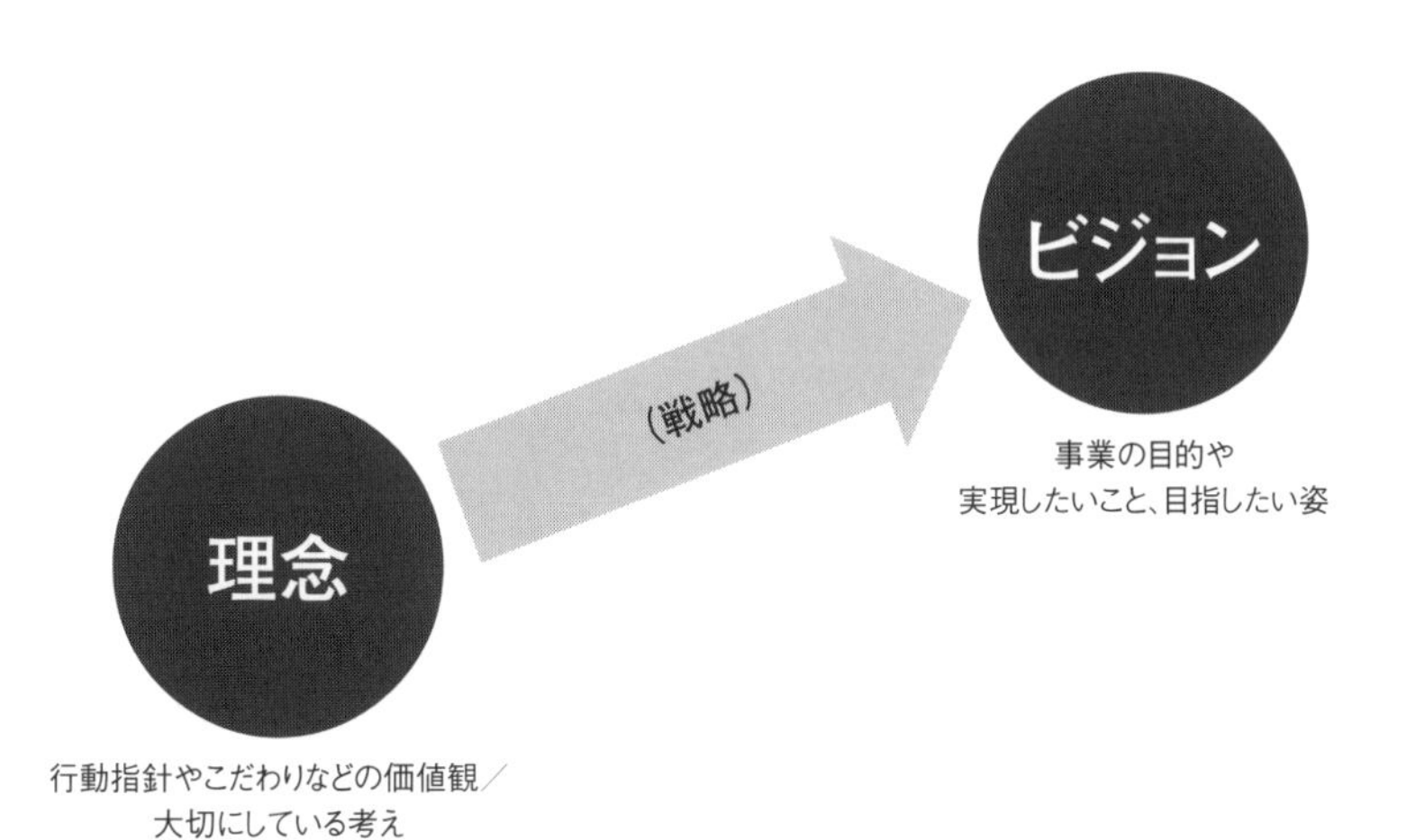

質問例

項目	質問の内容(例)
理念 行動指針や大切にしたいこと、こだわり 理念 (戦略) ビジョン	●従業員の方に常々伝えていることはありますか? ●日々大切にしている行動指針はありますか? ●企業が拡大しても変わらずに大切にしたいという事柄は何でしょうか? ●ふだんお客様と接する際にどんなことを大切にしていますか? ●創業時から受け継がれてきている文化やこだわりはありますか? ●企業をここまで伸ばしてきた源泉は何だと感じていますか? ●尊敬している偉人や、目指している経営者はいますか? もしいたら、その方のどんなところに魅力を感じていらっしゃいますか? ●社長を引き受けるにあたり、大切にしようと思った考え方や行動指針などはありますか?
ビジョン 事業の目的や実現したいこと、目指したい姿 理念 (戦略) ビジョン	●どんな会社を目指していますか? ●この事業で実現したいことは何でしょうか? ●この事業を始めたきっかけは何でしょうか? ●この事業を通じて何が達成されると喜ばしいでしょうか? ●今後の事業の先にどんな姿をイメージしていますか? ●御社のサービスを提供したお客様から何と言われたいですか? ●5年後はどのようになっていると思いますか? ●今後この業界でどのような存在になっていきたいとお考えでしょうか?

②何を目指しているかも千差万別でしょう。例えば、誰より地元のお客様に愛される会社を目指します、日本全国でサービスを提供したい、世界中のお客様に受けとめられる会社になりたい。

企業によっては、組織の体質面をテーマにしているケースもあるでしょう。会社の仕組みを整備して、より効率的に運営できる組織を目指したいという会社、全従業員が創造力をいかんなく発揮してくれるような組織であることを目指すという会社等々。

①何を大切にして、②何を目指すかという二つの観点を、理念やビジョンを聞き出す際のポイントにすればいいのです。

4. 経営理念の裏にある三つの物語を押さえよ

経営トップから聞き出す経営理念。それを表面的な言葉に終わらせず、より深く語ってもらうために聞き出したい、三つのポイントがあります。経営理念の裏にある三つの物語です。

①その理念・ビジョンを抱くに至ったストーリー。
②その理念・ビジョンが実現した時に現出する世界とは、どんな姿か。
③その理念・ビジョンを実現するために、どういうシナリオを描いているのか。

一つ目は、なぜその理念・ビジョンを抱くに至ったのか、原体験とも言うべきストーリーについてです。例えば、数店舗の靴磨きショップを経営している経営者から「世界中の人の靴と人生に輝きをもたらす」といったビジョンを聞かされても、その言葉だけでは「ふ～ん、そうですか」程度で終わってしまいます。しかし、彼がそう思うに至った人生の物語を聞けば、彼の言葉に対する理解、共感性は飛躍的に高まります。

若い頃に働き過ぎて身体を壊し会社を辞め、日銭を稼ぐために路上で靴磨きを始めたこと。そこで、お客様に見下ろされながら「へたくそ」と言われ、靴磨きという仕

●経営理念の裏側にある3つの物語

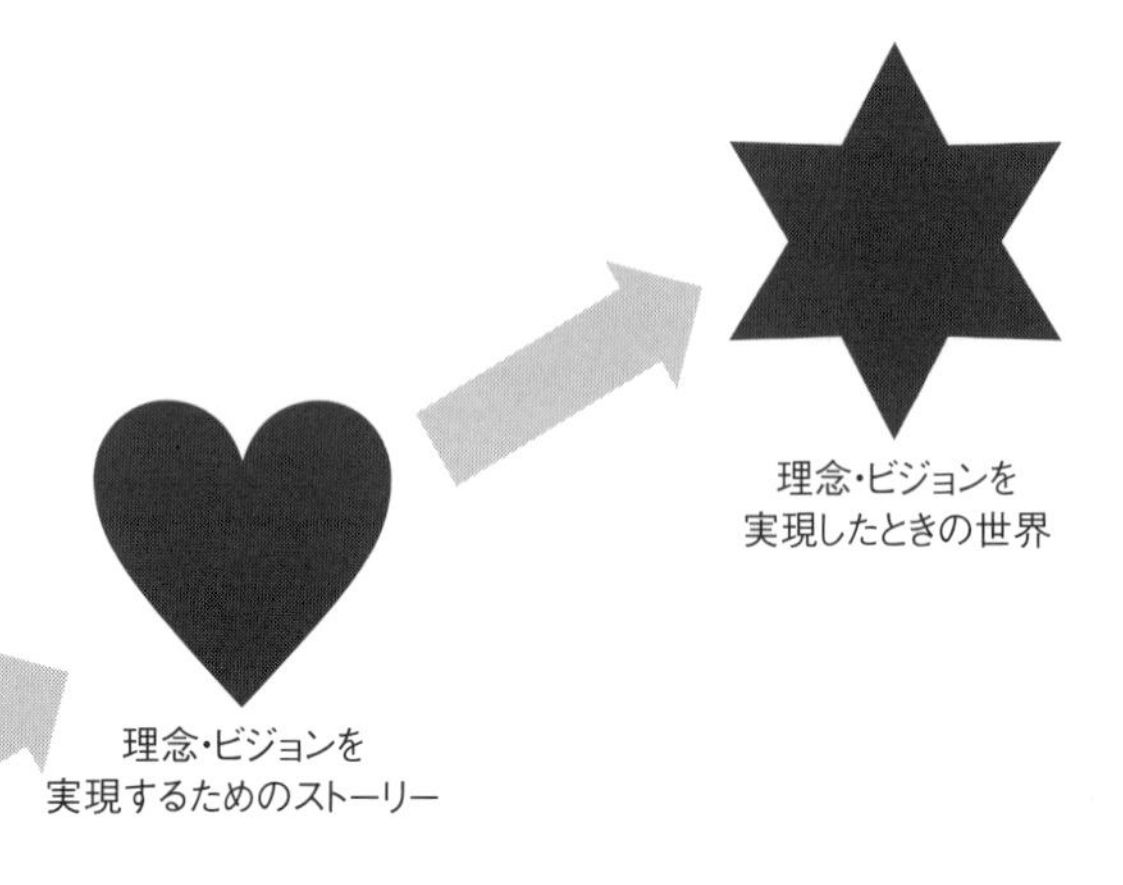

事そのものを馬鹿にされたと感じ、悔しさが込み上げたこと。それ以来、靴磨きという仕事のイメージをいつか覆してやろうと決意し、努力を重ねた日々。そして徐々にリピートしてくれるお客様が増えていった——。そんなある日、お客様から「あなたに磨いてもらった靴を履くと自分に自信が湧いてくる」と言われ涙がこぼれたこと。そしてこのできごとをきっかけに、「靴磨きを通じて人を励まし、人生を後押しできるような存在になりたい」と強く思うようになったこと——。

　言葉にこうした肉付けを行うことで、価値観への理解は深まります。

　二番目は具体的な未来絵図です。その

理念・ビジョンが実現したら誰が喜ぶのか、どんな表現で喜ぶことになるのか、その周囲ではどんな人たちが笑顔を見せているのか。未来の情景が具体的なシーンとして共有できれば、その理念・ビジョンの中核にある価値観を共有することにも繋がっていきます。

先ほどの靴磨きショップの例で言えば、ピカピカに磨かれた靴を履いた営業パーソンが「自信を持ってお客様と話ができるようになりました」と語っているシーンや、政治家や経営者が靴を輝かせながら「この靴なら誰に見られても安心だ」と言っているイメージ。全国の紳士靴屋からは「うちとコラボレーションしてほしい。うちの靴はぜひ御社のスタッフに磨いてほしい」等と声を掛けられ、「靴磨きの極意を教えてください」と世界中の靴磨き職人が殺到する――など、ビジョンを実現した時に、誰がどういったセリフを言うようになるのかがポイントです。

三番目は、理念・ビジョンに向かってどんなステップで進むかのシナリオです。

そのためには、戦略について尋ねることになります。関心領域の三角形で示した通り、理念・ビジョンの下の階層が戦略。そして、これら上下の階層は目的と手段の関係にあることも既に述べた通りです。どんな戦略をもってそのビジョンを実現するのか、そのシナリオです。

靴磨きショップの例では、ハイクラスの男性にターゲットを絞り、お店は丸の内や表参道に出店する。靴磨きだけでなく補修や手入れ用品の販売も行う。お店は小さな高級カクテルバーのような仕様にして、靴磨きはバーカウンターの上で行う。お店の棚にはお酒の代わりに、磨いた靴の〝作品〟がズラッと並ぶ。スタッフはスーツを着ながら立って仕事を行い、お客様はカウンター越しに座り飲み物を飲みながら靴の手入れの様子を見ることができる。それは、まるで靴磨きショーを最前列で見ているかのような気分。近隣の靴屋とはコラボレーションして、顧客紹介をしあう――などの展開イメージです。

5. 戦略とは何か

●戦略とは何か

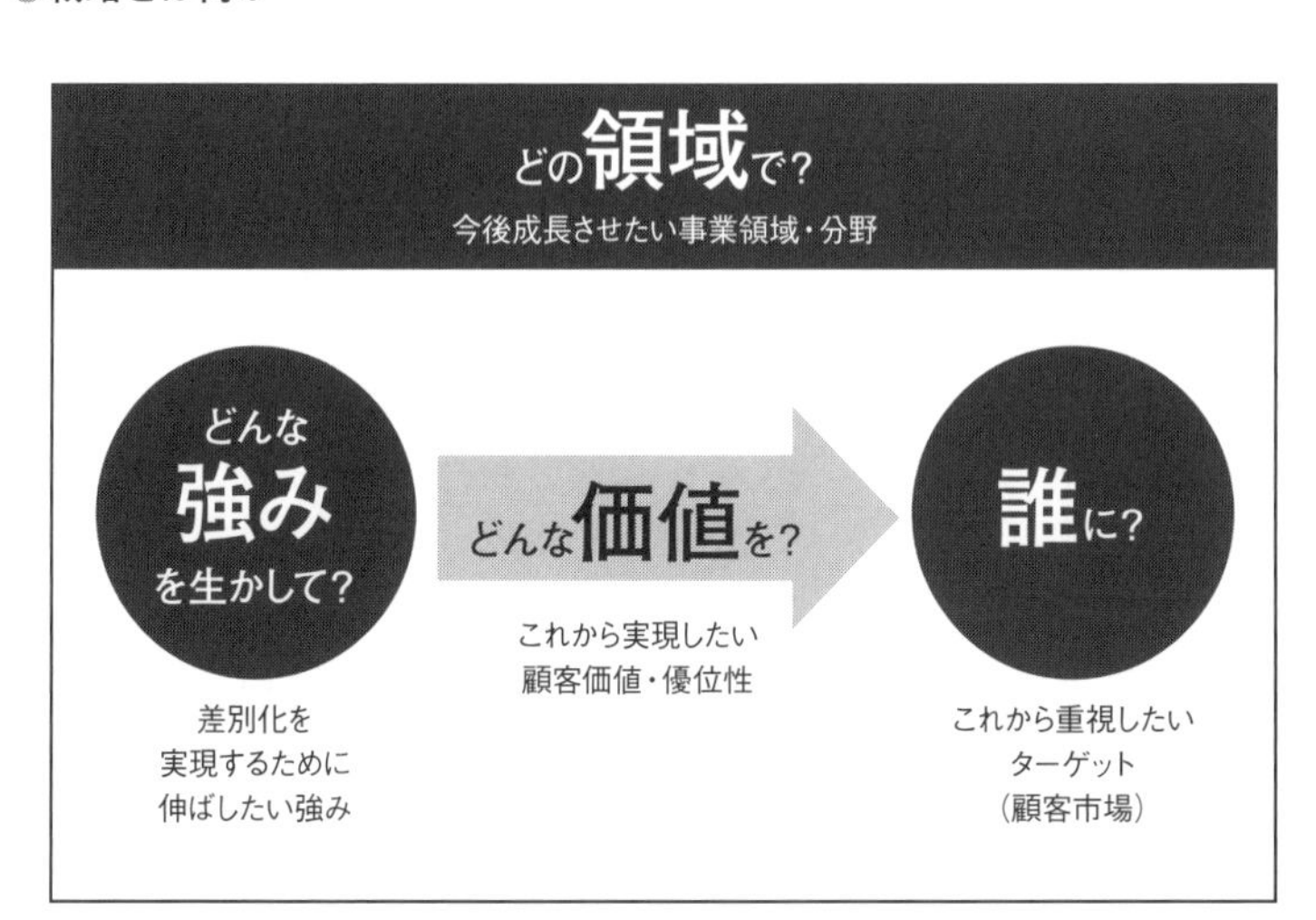

戦略を聞き出すというと、難しく考えてしまう人も多いでしょう。しかし、心配は無用。戦略とは、次の四つに集約されると考えればいいのです。経営戦略に関する書物をさまざま読んでいくと、共通点として浮上してくる四つの点です。

①どの領域で勝負していきたいのか。
②そのなかで、自分たちの強みをどう伸ばしていくのか。
③誰をターゲット顧客にするのか。
④自社の強みを、ターゲットごとに、どういう価値に置き換えて提供するか。

これら四点を聞き出せれば、顧客企業

の経営戦略はほぼ理解できてしまうと言えます。重複になりますが、実際の質問の言葉にしてみれば、それぞれこうなります。

「今後伸ばしていきたい事業領域は、どのへんになるのでしょうか」（勝負領域）

「どんな強みを伸ばしたいと、お考えですか」（強みの自覚と強化）

「そのことで誰に喜んでもらいたいですか」（ターゲット）

「その人に、何と言って喜んでもらいたいですか」（提供価値）

説明のために箇条書きで記しましたが、実際の面談の席では、まるでアンケート調査のように一問一答で会話を進めるのは好ましくありません。相手の話の内容に上手に共感を示しつつ、自然な流れで次の話題に移れればベターです。

質問例

項目	質問の内容（例）
どの領域で？ 今後成長させたい 事業領域・分野 どの領域で？ どんな強み？ どんな価値を？ 誰に？	●どんな分野でお客様を増やしたいですか？ ●今後力を入れたいと考えている事業領域や分野は何ですか？ ●重点的に伸ばしたい領域はどこになりますか？ ●新たに進出したいと考えている領域はありますか？　それとも今の領域を追求していきたいとお考えですか？ ●最近注目している分野や事業はありますか？
どんな強みを？ 差別化を実現するために 伸ばしたい強み どの領域で？ どんな強味？ どんな価値を？ 誰に？	●お客様に喜んでいただくためにどんな強みを伸ばしたいですか？ ●他社と差別化のできる強みは何だとお考えですか？ ●御社にとって、これは一番という強みは何だと思いますか？ ●新たな強みとして今後伸ばしていきたいところはありますか？ ●他業界の企業の取り組みで、参考にしたい企業はありますか？
誰に？ これから重視したい ターゲットマーケット どの領域で？ どんな強み？ どんな価値を？ 誰に？	●どんなお客様に喜ばれたいですか？ ●これから重要視していくターゲット層は？ ●戦略的に狙っていこうと考えているターゲット層はどこですか？ ●これから伸ばしていきたいターゲット層はどこですか？ ●ターゲット層は広げていく方向でしょうか？　それとも深く追求していく方向でしょうか？ ●現在、20代の女性をターゲットとしているかと思いますが、今後もその方向でしょうか？　それとも別のターゲットもお考えですか？
どんな価値を？ これから実現したい 顧客価値・優位性 どの領域で？ どんな強み？ どんな価値を？ 誰に？	●お客様に何と言って喜ばれたいですか？ ●お客様は御社の何に価値を感じていると思いますか？ ●今後どんな価値を訴求していきたいと考えていますか？ ●これからお客様にどんな価値を提供していきたいとお考えですか？ ●今後、「○○と言えば御社」とお客様から称されるとしたら、何と言われたいでしょうか？ ●御社のサービスで特にお客様から喜ばれていると感じるのはどんなところですか？

6. 課題の把握

戦略の遂行という目的を達成するには、業務・オペレーションという手段が必要です。その業務・オペレーションを行うに際し、さらなる効率化・高度化のために必要なもの、あるいは現状では欠けていて補完の必要がある部分。それらが、企業にとって「解決すべき課題」となってきます。

営業パーソンと顧客企業の現場担当者との間のふだんの商談は、この「解決すべき課題」のレベルだけに終始しがちです。しかし、その課題は本来、ここまで述べてきた上位の階層と紐付けて捉えられるべきものでもあるのです。したがって、その大きな構図のなかで課題解決のための提案をすることに、インサイトセールスの大きな意味があるのです。

せっかく顧客企業の経営トップと会えても、ふだんと同様レベルの提案をいきなり

●会話のイメージ

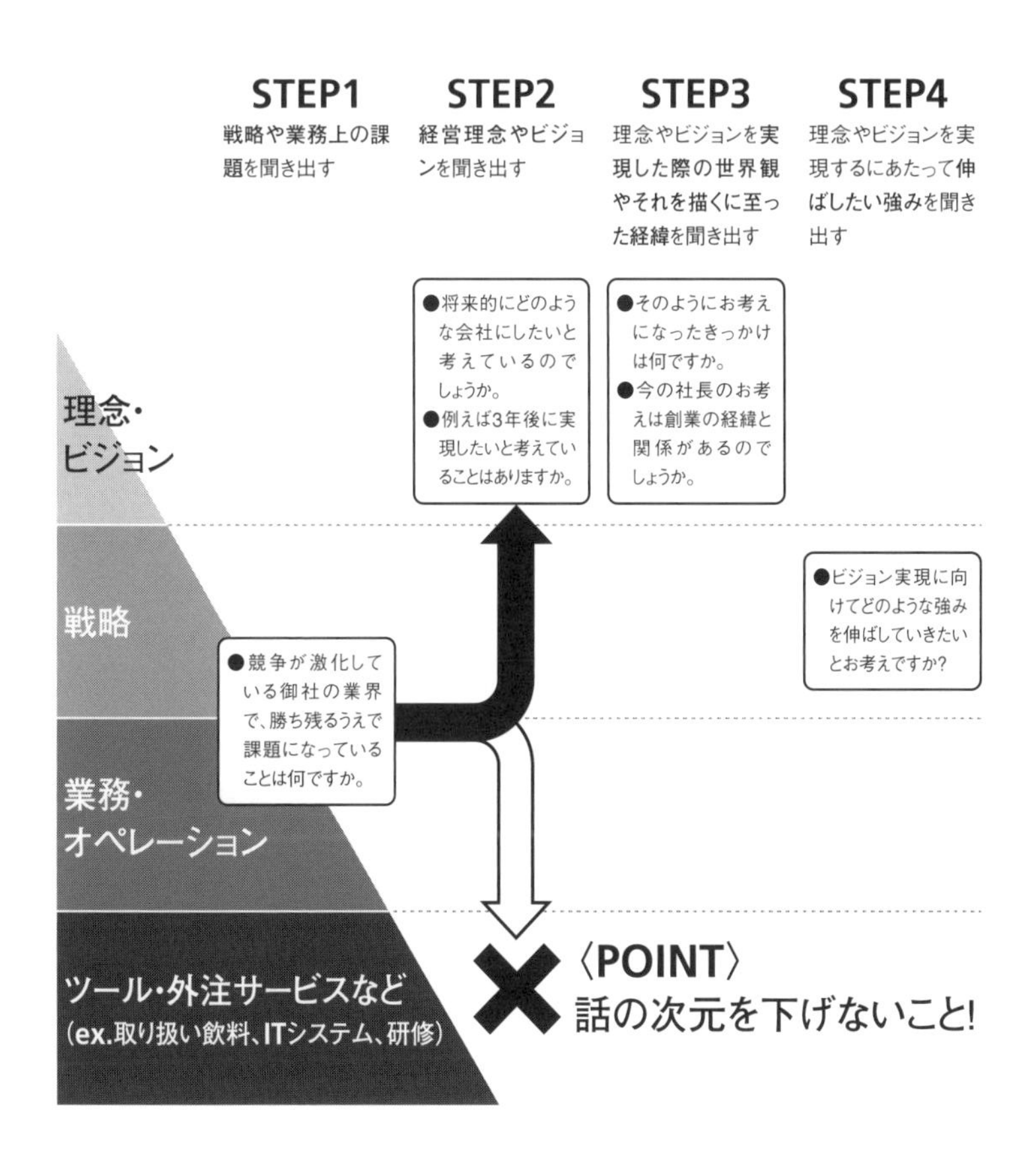
STEP1
戦略や業務上の課題を聞き出す
STEP2
経営理念やビジョンを聞き出す
STEP3
理念やビジョンを実現した際の世界観やそれを描くに至った経緯を聞き出す
STEP4
理念やビジョンを実現するにあたって伸ばしたい強みを聞き出す
●将来的にどのような会社にしたいと考えているのでしょうか。
●例えば3年後に実現したいと考えていることはありますか。
●そのようにお考えになったきっかけは何ですか。
●今の社長のお考えは創業の経緯と関係があるのでしょうか。
理念・ビジョン
戦略
●ビジョン実現に向けてどのような強みを伸ばしていきたいとお考えですか?
●競争が激化している御社の業界で、勝ち残るうえで課題になっていることは何ですか。
業務・オペレーション
ツール・外注サービスなど
(ex.取り扱い飲料、ITシステム、研修)
〈POINT〉
話の次元を下げないこと!

行い、しかもそれだけに終始していては、アンケート調査からも窺えるように多くの営業パーソンがみずから恐れているごとく、そんな話なら現場とやってくれと蹴散らされてしまうのがオチです。

繰り返しになりますが、今日、営業の多くの現場で行われていることは、解決したいと考えている課題を顧客から聞き出せた時、「それなら弊社のこの商品・サービスはいかがでしょう」と、即座に具体的な提案を持ち出すことです。

しかし、実はここが我慢のしどころなのです。課題聞き出し→解決策提案という流れは、話の次元としては下に向かう動き。すぐに結果を求めたい気持ちは分かりますが、ここは「急がば回れ」なのです。すなわち、いったん話の次元を上げる。それこそ今後の営業では非常に大事なことなのです。

「その課題を全部解決した先に、どういう会社像を描いていらっしゃるのですか」と、次元を上げる。そして、そのビジョンについて、できるかぎり具体的な姿が見えてくるように質疑を重ねる。それは従業員のどんな歓(よろこ)びに繋がるのか、あるいは顧客にとってのプラスは何か等々。

そのように次元として最上位の階層に位置する理念やビジョンについて共有したう

えで、次に、その姿に向けてどんな戦略を考えているのかに話を移します。さらに、それを具体的な業務上の話に……と、次元を一段ずつ落としていけば、最終的に具体的な商品・サービスの提案へと話が繋がっていきます。

話の次元を上げれば、提案への共感性が高まる

同じ提案でも、課題を聞いてすぐ行うより、高い次元の話をしたうえで提案に落とし込んでいったほうが、提案に対する共感性がずっと高くなります。経営者にとっても、単に現場レベルから要望として上がってきた場合とは、提案の意味付けが異なってくるはずです。

大手企業で、例えば営業畑の社長ですと、情報システムの業務フローといった領域には全く無関心だったりすることがあります。その社長にいきなりシステムの売り込み提案をしても良い反応は望めません。まず、経営者の関心領域であるビジョンと戦略という上位二つの階層をテーマとして十分に傾聴しきったうえで、次のように尋ねるのがいいでしょう。

「今、貴重なお話を伺えましたので、そのうえで具体的な提案をしていきたいのですが、どなた向けに提案すればよろしいでしょうか」と。

これで社長お墨付きの形で、提案を、社長了解の担当者に連絡できることになります。場合によっては、社長みずから「私がこの場で聞くよ」ということにもなるでしょう。

この章では経営トップが関心を持つ領域を挙げ、それらについて尋ねる際の具体的なヒントを記しました。

次の第五章では、相槌（あいづち）の打ち方や知りたいことの聞き出し方から、行ってはいけない注意点まで、経営トップと面談を進める時のより細かいノウハウを具体的にお伝えすることにします。

第5章

インサイトセールスの最大の鍵とは

1．経営トップのアポイントを取りやすくする五つのコツ

「これからの営業は、経営トップに会え」という話をしてきましたが、「そうは言っても、トップのアポなんてなかなか取れないし」と思ってしまう営業パーソンが多いことでしょう。

そこで、この項では、アポイントメント獲得に必要な心構え、知っておきたいコツを具体的に列挙しましょう。

まず第一のポイント、それはズバリ、目的を正しく伝えることです。ストレートに目的を伝える。「経営トップにお会いしたいのですが、その目的は、弊社の商品のご提案に先立ち、御社経営トップの経営におけるご意向、意思、これを直接伺うことです」と。

一番よくないのは、「ご挨拶に伺わせてください」「一度、お顔合わせを」といった曖昧な言い方です。昨今、どこの社も忙しくて、「ご挨拶のような儀式的なことはご遠慮申し上げます」というところが顕著に増えています。理由は、挨拶という行為に対する価値評価が低下しているからでしょう。その背景は、人間関係の構築より経済的合理性のほうを重要視する時代となっていることがあると思われます。

だからこそ、漠然と「お時間をいただければ」という曖昧で遠慮がちな申し込みでなく、会うことがどういう意味を持ち、何を得られるのか、目的をはっきり伝えることが必要なのです。

第二のコツは、お客様側の担当者を巻き込むこと。直接、秘書室などに連絡するのではなく、必ず自分のカウンターパートに話を通すことです。担当者の立場からすれば、自分の知らないところで頭越しに上層部と連絡を取られるのは非常に不都合で不愉快。

実務上からも、ある程度以上の規模の企業なら、通常、担当者を通じた連絡という形になるでしょうが、その際に、単に連絡役を務めてもらうのではなく、「担当者を巻き込む」ことが大切なのです。

例えば、「Aさん（相手担当者）への商品ご提案に先立って、御社社長の経営のご意向や戦略、また、現在大切にしようと考えていらっしゃることを、直接伺うことは可能ですか。ご提案の方向性がブレずに済み、Aさんのお仕事がしやすくなるのではとも思いますが、いかがでしょうか」という言い方で、アポ取りの仲介を依頼する。「こういうメリットがAさんにもありますよ」と端的に伝える。それが「巻き込む」の意味です。現場の担当者にとって、自社の経営者の話をじっくり聴ける機会は決して多くないはず。傍聴とはいえ、その場に同席できるならと、こちらの依頼に力を貸してくれるでしょう。

単に経営トップに会わせてほしいと頼んでも、担当者の反応は「なぜそんなことが必要なのですか」となってしまうに違いありません。だからこそ、Aさんにとっても価値のある話であることを強調して、巻き込んでいくことが大切なのです。

社長に会いたいなら上司を使え！

第三のコツは、自社の上位職者を巻き込むことです。特に相手企業が大手である場合。現場の一営業パーソンが、相手の役員クラスとのアポ取りを直接交渉するのは、現実的ではないと感じる人も少なくないでしょう。そこで、上司である部長クラス、取締役クラスの名を利用して申し込みを行うのです。場合によっては、部長自身がアポ取り電話をするよう社内の態勢を組む。このように自社の上司も巻き込んでアプローチすれば、経営トップと会える確率は、より高まります。

もちろん、その上司には実際の会合の場にも同席してもらい、会話をリードしてもらうことも必要になってきます。前述のように、単に挨拶程度の訪問の価値は著しく低下していますが、上位職者との会談なら価値があると捉える傾向は、訪問を受ける側にはまだ根強くあります。結果的には、双方にとって組織対組織の関係構築に繋がることにもなります。

このように自社の上位職者を巻き込む場合に肝心なのは、その上司に、インサイトセールスの何たるかを、すなわち理念やビジョンを傾聴することの意味を十二分に伝えておくこと。経営トップに会えたはいいが、自社の中心人物がピント外れの会話を展開しては、苦労も水の泡だからです。社内調整や、実際の面談の場における役割分担などについては次章で記します。

第四のコツは、タイミングを見計らうこと。タイミングにも二種類あって、一つはお客様が時間を作れそうな時期を狙うこと。これがアポ取りの基本であることは言うまでもありません。もう一つは、経営トップが参加するイベント等の中にアプローチのチャンスを見つけること。

前者は、例えば人事系部門に人事システム関連の提案営業をしたいなら、三月、四月の繁忙期は避けるなどの常識的配慮です。四月は新入社員研修などで、大げさに言えば担当部門は軟禁状態に近い忙しさでしょうし、三月はその準備期間。そんな時期に会いたいと申し込んだら、提案云々の前に、「分かってない営業パーソン」として相手にされなくなってしまうでしょう。

ところが、三月三一日を狙い撃ちしたら、案外OKということもありえます。その時点で四月一日以降の準備がまだ終わっていなかったなら、それはそれで一大事のはず。前日は、もう全ての準備が整って明日を待つだけというエアポケットのような状態である可能性もあるわけです。

収集した情報は相手担当者への〝おみやげ〟にもなる

いずれにしろお客様の動向に関する情報を十分に把握することが大切です。会社や社長自身の活動パターンの把握や業界の年間スケジュールに対する配慮。これは現場の一部門に対するアポイントの場合であろうと、経営トップへのアプローチであろうと変わりありません。

自分が会いたいと考えている経営者の日頃の行動ぶりや日程・行き先の傾向、特徴的な言動について、できるかぎり情報収集すること。会社のホームページ、プレスリリースのチェックから雑誌のインタビュー記事、新聞やネット上の小さな記事、SNSまで、丁寧に目を通していけば、さまざまなことを知ることができるでしょう。

その情報収集は、(タイミングにも二種類あると前述しましたが) 後者のケースにも活きてきます。つまり、「経営トップが参加するイベント等の中にアプローチのチャンスを見つけること」に繋がってきます。

第二章で紹介した、自販機をドラッグストアに設置する営業の事例は、まさにそのケースでした。ドラッグストア社長が盲導犬協会のイベントに出席する機会を捉えて、その場での会見を実現し、同協会を支援している社長の志に沿った提案を伝達。そのことによって大量の設置を実現しています。

お客様の経営トップに関する情報をできるかぎり幅広く把握しておくことは、相手担当者への〝おみやげ〟としても有効です。現場で日々の業務に追われていると、案外、社内の情報に盲点ができるもの。訪ねて来た営業パーソンが、自分が見逃していた自社経営トップの動向や雑誌等での最近の発言を教えてくれるなら、歓迎すべき存在となるでしょう。

営業パーソンの立場から言えば、次のように語ることができます。

「御社の社長さんが業務改革の必要性に言及されているインタビュー記事を先日目にしましたが、遠からず現場にその計画が下りてくるのでは。われわれは社長さんとお話しできたら、そのへんもぜひ伺いたいと考えているのですが、Aさんにとっても、このタイミングで、計画の具体化に先立って社長さんの考えを知っておければ、お仕事が進めやすくなるのでは？」

経営トップへの面会依頼が、相手担当者にとっても価値ある申し出であるということを、言葉として表現することが大切です。

五番目のコツ。言葉遣いに注意を、です。アポイントを取る時に、へりくだった表現をする人は少なくありません。「よろしければ」「恐れ入りますが」「大変恐縮ですが」「こんなこと申し上げるのは失礼ですが」——等々。特に、話している相手が企業上層部の人間であるほど、これらの言葉が連発されがちです。

その言葉を「ぜひ」に置き換えるだけで、印象はだいぶ変わってきます。人の心理というのは不思議なもので、「よろしければ」と言われると、よろしくない理由を考えたくなったり、「失礼ですが」と前置きされると、「ああそうか、確かにこれは失礼なことかもしれない」と、考えてもいなかったことが逆に意識されてしまうもの。

言葉遣いは表面的なスキルに過ぎないかもしれませんが、軽視はできないものです。

2.アポイント獲得で相手に伝えるべき三つの価値

電話をしてアポイントを得るためには、この電話は価値があると相手に感じてもらうことが必要です。特に、担当者経由ではなく、経営トップ層に直接アポイントを申し込む場合にはなおさらです。現場担当者であれ経営者であれ、アポイントの依頼を断る唯一最大の理由は、「時間を取る価値が感じられない」です。

そこで、電話の内容に価値を持たせる第一のポイントは、仮説を用意すること。相手の状況に対する仮説です。

身近な例え話として、女性を食事に誘うケースを考えてみましょう。

「何、食べたい？」という誘い方は、相手の意思を尊重しているようで、実は丸投げです。こういう問いには、「何でもいい」という中身のない答えが返ってくることになりがち。これがもし、「この間、パスタの話を嬉しそうにしていたけど、イタ飯、好きなの？　いい店見つけたから、もしよかったら」だったら、回答に「何でもいい」は出てきようがありません。「確かにイタ飯って好きだけど、今日の気分はお寿司かなあ」などと、具体的な回答を引き出すことに繋がります。仮説を交えた質問は、相手に「この人は、こちらのことをいちおう考えてくれている」という感情を喚起させることにもなります。

仮説を交えることにより、こちらの話の内容に価値を感じてもらえるのです。私が実際に体験した営業上の事例も紹介しておきましょう。

私が臨時で人事採用の職に就いていた時の話です。求人広告を出しませんかという売り込みの営業電話が、あちこちから掛かってきました。しかし、既に特定の業者さんと取引があったので、新規の話は社として全面的に断っていました。ところが、ある電話だけには、これは耳を傾けなきゃいかんなと心が動いたのです。

事実を基に完全に仮説が組み立てられているアポ取り電話だったからです。

まず、「三カ月前に御社の求人広告を拝見したのですが、その後、採用は順調に進んでいますか」という問い。なぜかと聞き返したところ、「最近は求人広告を出してもなかなか成果が出ない会社も増えているので、もし御社もそうなら、前回出された求人広告を踏まえて改善提案ができるのですが」という電話だったのです。事実に基づく仮説。それをぶつけることによる価値訴求。これが、相手に感じてもらうべき第一の価値です。

経営者は競合他社の情報を知りたいもの

第二に、私（弊社）があなた（御社）に会う価値。それを相手に感じてもらうこと。

多くの場合、企業は既に長年の取引先を持っています。特段の事情が生じないかぎり、その実績ある相手と優先的に取引を続けようと考えるのは自然なこと。この関係の間に割って入るには、新たに私と会う価値があるということを言葉で示さなければなりません。最初の電話の際に相手が抱くだろう「会うだけ無駄だ」「間に合ってる」という感情を払拭できるだけの力が、話の中になければいけません。

例えば、お客様が抱えているであろう課題と共通の課題解決をした実績があるとか、失敗する落とし穴を知っているとか、あるいは、「実は、御社と同業種・同規模のお客様をお手伝いした経験もあり、参考になる業界情報を提供させていただくことができますが、興味を持っていただけますか」など。

経営者というのは、競合他社が何をやっているかは非常に知りたいもの。アポ取りのポイントは、私ならその情報を持っている、私には会う価値があるということを言葉で伝えられるかどうかです。

三番目は、「その話を、今する」価値です。

どの経営者も時間に追われ、基本的に多忙です。だから今する価値のない話、緊急性に欠ける話は先送りでいいと判断されて当然。電話で面会を申し込んでも、「そういう件は、今はまだいらん」。「来年検討するから、その時に考えるよ」と門前払いされるのがオチ。

しかし、「来年検討するから」というような言葉が相手から出たら、それこそチャンスなのです。「いずれ検討はされるのですね。来年の検討に先立って、情報だけでもお手元に置いておいたほうが、検討自体がしやすくなりませんか」と、お客様の立場に立って、今この時点で会うことに価値があるということを伝える。

多忙な経営トップとアポイントを取り付けようと思ったら、最低限、自分の話にこの三つの価値を織り込み、それを言葉で表現できるようにしておくことが大切です。

お客様が中堅企業・中小企業なので経営トップに直接アプローチするというような場合でも、あるいは大手企業なので現場担当者を通じて経営トップとの面談を申し入れるというケースでも、右に述べてきたことは重要なポイントです。

失敗を恐れる必要はない

以上、経営トップとアポイントを取るコツを述べてきましたが、ここで心得ておいてほしいのは、この成功率は百発百中ではないということ。一回チャレンジして駄目だったからといって、「教えられた通りやったけど、これ全然使えないぜ」と考える必要はありません。

私が学生時代にやった、野球でヒットを打つための打撃のコツ体得と同じなのです。今まで一〇打数一安打で打率一割だった打者が、一〇回打席に立てば三安打はできる

営業 ＝ 打率が大事（失敗が許される）

ようになる、三割打者となるためのコツ。アポ取り不成功率九割だった営業パーソンが、それを七割に下げられるという話です。

イチローでも一〇回に七回は失敗するわけですが、営業も、失敗の許される数少ない特殊な職種だなと私は考えています。いくら相手に蹴散らされても、決められた期日までに目標を達成すればいいのですから。一方、管理部門や工場の整備の仕事は、失敗が絶対に許されません。

私はもともと研究開発をやっていましたが、研究と開発も似て非なるものです。開発は失敗が許されません。依頼された商品を期日までに仕上げなければ社内の評価は散々なものになります。が、研究は失敗が許される分野。会社としては何百件ものテーマのなかで二個でも三個でも大ヒットが出れば万々歳。失敗は織り込み済みです。

ここで私自身の経歴を記しておけば、社会人としての第一歩は株式会社ファンケルの研究所で化粧品分野の研究開発、パテント業務に携わることでした。もともとは営業分野、直接人の役に立つ手ごたえがあって対面でのコミュニケーションが発生するような仕事に関心があったのですが、早稲田大学理工学部（応用化学科）の大学院を修了するにあたり、後述するような経済的事情もあって、理系の学生としては化学系の仕事を選ばざるを得なかったのです。

その職場では年間で一〇〇回以上の営業を受ける立場でもあったので、多くの営業パーソンと接しその優劣を体感しました。また、大企業に属し組織というものを学ぶ機会ともなりました。同社では自分の製品一〇品を世に出すという目標を自分に課し、達成できた入社四年半後に、コンサルティング業界に転職。自社の営業を担うとともに研修講師やコンサルティング業務に携わった後に独立して現在の会社を創業。

野球と研究と営業。いずれも失敗が許されるもの。余談ですが、私の人生がこれら三つと関わってきたことに、不思議な縁も感じます。

3. 経営トップとの初回面談でやるべきこと

事前準備1

幸いアポイントが取れてお客様の経営トップと面談できることになったら、どうすべきか。第四章では、何について話せばいいのか、どういう領域をテーマとすべきか、どう聞けばよいかについて説明しましたが、この章では、面談の現場におけるノウハウを、より具体的に伝えていくことにします。

当日の心得について語る前に、事前の準備についても触れておきます。

事前に質問一覧表を送ることは大切です。特に、相手担当者が間に入って面談が実現した場合は、その担当者に必ず送ること。

こと細かい部分まではいりませんが、聞きたいことの概要や方向性が分かる程度に、質問項目を並べておくことは最低限必要です。なぜなら、相手担当者にしてみれば、その面談が好ましくない結果に終われば、その場をセットした自分の立場にも影響するからです。社長の機嫌がたちまち悪くなるような話の展開になったら最悪。聞き手がどんな話題を取り上げるつもりなのか、何を質問するのかは、当然、事前に把握したいと思っています。

その質問内容ですが、インサイトセールスの場合、何度も強調している通り大別して二つあります。経営トップが抱いている価値観（理念やビジョン）、および戦略です。しかし、相手担当者に伝える時は、ストレートにこういう言葉を使わないほうがいいでしょう。

価値観とは、端的に言えば、何を大切にし、何を目指しているかということ。そこで、質問項目としては「会社を経営するうえで、今後大切にしていきたいことは何ですか」「今後目指したい会社の方向性は?」程度の箇条書きにして、担当者に伝えるのがいいでしょう。

もう一方の戦略も、難しく考える必要はありません。前章でも触れた通り①〜④の四つの観点を持ち、それを質問の形式にすれば十分です。

①経営者として注力したい領域、②伸ばしたい強み、③ターゲット、④提供したい価値。

まず、①の領域とは、例えばスーパーマーケットであれば、商品のうち特に力を入れて自社の特長としたいもの。お惣菜に力を入れたいとか、いやデザートだ、お弁当だという話です。

②の伸ばしたい強みとしては、企業によって、マーケティングの強さだったり、営業パーソンの人柄、採用力などさまざまな答えが出てくるでしょう。

③のターゲットは、誰に価値を提供したいかということ。主婦層なのか、時間に制約のある働く女性なのか、あるいは例えば足のサイズが小さくて近年の標準と合わず靴選びに困っているような人たちなのかといった切り口等々。

④の提供したい価値は、ターゲットと考えている人々に、どんな価値を提供しよう

と考えているのか、どんな言葉で喜んでもらいたいのか。

以上、価値観で二項目、戦略で四項目。数としても、多くもなく少な過ぎもせずで、経営トップの考えを引き出す導線としてちょうどいいでしょう。このような質問一覧表を示すことは、前述の通り相手担当者にとっては安心感に繋がると同時に、納得材料ともなります。「ああ、こういう話なら、やはり自分レベルではなく経営トップとの面談が必要だな」と。

実際の面談では、もちろん、面談申し込みの段階から収集していた各種記事やネット情報から、想定できる回答もあるでしょう。が、大切なのは、経営トップ本人の口から直接聞くことなのです。

なぜなら、メディアで公開されている記事などの文章は、言葉が整理され過ぎているからです。また、HP等もお化粧された完璧な表現になっており、「お客様の成功のために」などと、ある種、手垢のついた美辞麗句(びじれいく)的な表現が多いもの。ところが実際に経営者に話を聞いてみると、そういう言葉は一度も登場せず、大意は同じなのですが、その経営者独自の表現や、より具体的な表現に出合うこともできます。

その表現を提案書作りに際しても織り込めば、共感性が高まり、より説得力ある提案とすることができるはずです。同席した相手担当者にしても、自社トップの深い話を直接聞けることは貴重な体験。実際、面談終了後、その担当者からお礼を言われることも少なくありません。

事前準備2

事前準備に属することで、もう一つ心得ておいたほうがいいことがあります。それは、当日、面談後の自分の予定は、できるかぎりフリーにしておくこと。

私自身の体験から得た注意ポイントです。面談を申し入れた段階では「忙しいから短時間だけ」という約束だった面談が、結果的には長時間に及んだケースが何度かありました。最高なんと六時間。琴線に触れる質問に出合えば、ふだんあまり話す機会のない経営への思いを、いくらでも熱心に語りたいと思っている経営者は多いのです。

こんな時、別件の予定をいくつも事後に組んであると、当日のスケジュールはぐちゃぐちゃになってしまいます。約束している商談相手に連絡も入れられないまま、迷惑をかける羽目に。といって、せっかくの熱弁を「このあと用事があるので」と断ち切るわけにもいきません。ですから、面談後の予定は例えば資料収集や飛び込み訪問など自分の裁量で自由に取り消せるものにしておいたほうがいいでしょう。仮に別件のアポが取れそうな時も、できるかぎり余裕を持った時間設定にすること。

経営トップが気分良く喋ってくれればくれるほど、その後に提案する業務レベルの商品・サービスの売り込みもスムーズに事が運びます。

事前準備3

事前準備は対・社内も大切です。部長など上司が同行するなら、質問項目のメモは上司にも届けて、面談の趣旨・狙いを十分に擦り合わせておくこと。インサイトセールスの何たるかを理解してもらったうえで、今回はこういう観点で相手経営者から話を引き出してもらえると助かるということを伝えておくこと。せっかくの機会を、単なる挨拶や雑談で終えてしまっては台無しですから。

ある大手企業で、営業パーソン向けにインサイトセールスをテーマに研修を行ったことがあります。幸い高い評価をいただいたのですが、研修後に受講者に対して行ったアンケート調査で目立ったのは、「この研修はわれわれのような営業担当者より前に、上司が受けるべきだ」というものでした。上司にインサイトセールスの視点がなければ意味がない、面談の現場でわれわれが恥をかくだけだという声が多かったのです。

4. 面談当日、何をどう聞けばいいか

過去の話に経営者の価値観が滲(にじ)み出る

インサイトセールスの最大のポイントは、経営トップに価値観（経営理念やビジョン）を聞くことです。しかし、第一声からいきなり、「御社の経営理念やビジョンは？」と尋ねるのは唐突ですし、いわゆる空気が読めない感を醸(かも)し出してしまうでしょう。

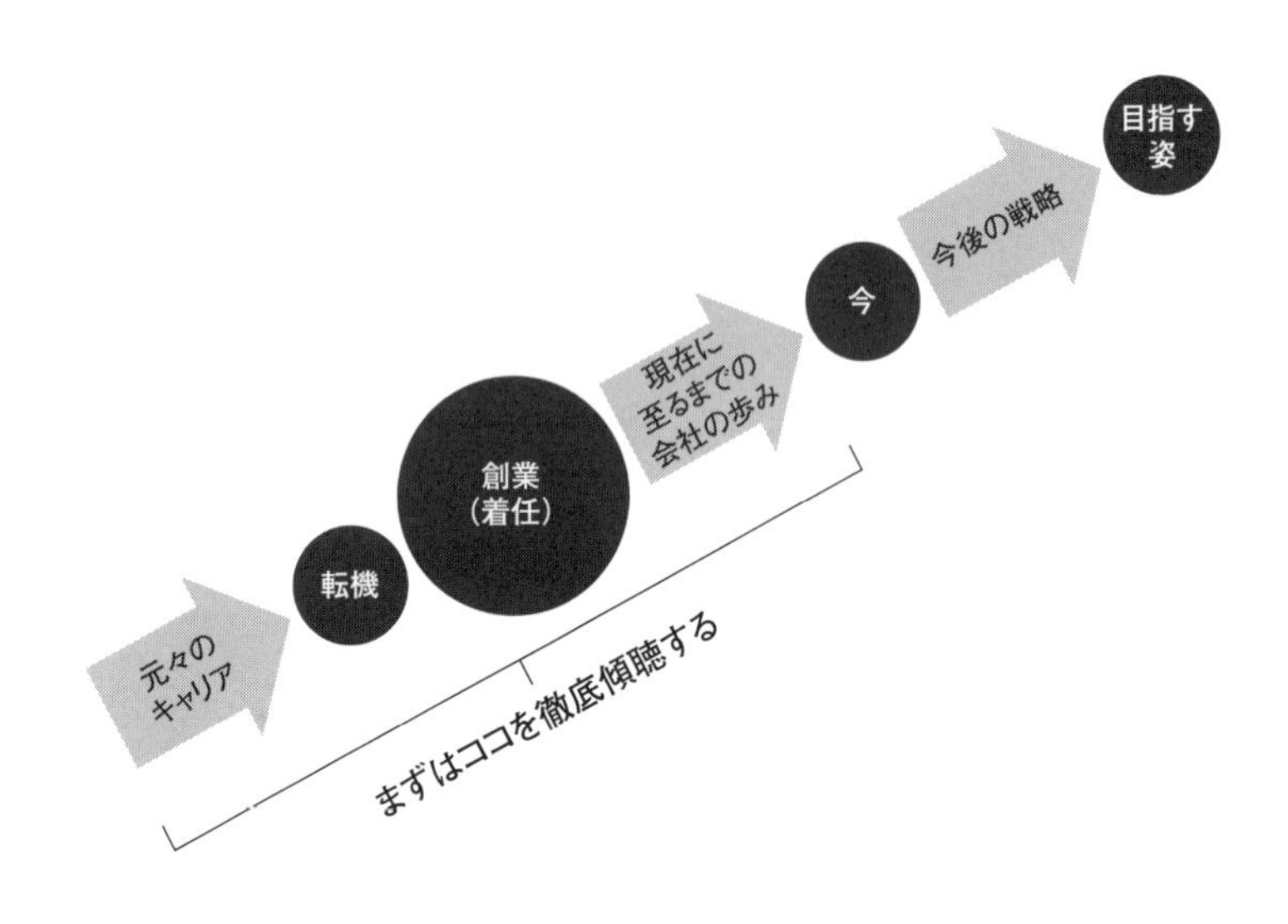

では、どうすればいいのか。目的とする質問に至る道筋を組み立てることが必要です。

円滑なコミュニケーションのためには、水を向けるという作業が大切なのです。経営トップのほうも、いかに関心領域が経営理念や事業ビジョンにあるとはいえ、いきなり聞かれると答えづらいもの。投手がウオーミングアップなしでマウンドに立たされたような感じになりますし、聞き手のレベルも不明のままでは、なおさらです。

そこで、インサイトセールスを行おうと考えている営業パーソンに私が伝授したいコツは、社長の過去を聞くことから会話を始めるという方法です。

社長の過去、すなわち経歴です。

最初は挨拶を兼ねて雑談的に「素晴らしい会社を経営されていますね。○○○○（具体的な事柄）の実績については高い評判を伺っています」などと、現在のお客様の会社経営に強い関心を持っているということをしっかり示したうえで、こんなふうに尋ねていけば自然です。

「御社の事業は今とても発展され、順調そうに見えますが、昔からこういう事業に取り組もうと思っていらっしゃったのですか」

「何がきっかけで、この仕事を始められたのですか？」

「いつ頃からですか」

「当初から現在の事業を？」

「親御さんから引き継がれて、今の会社を経営することに。最初からこんなにうまくいっていたのですか、ご苦労もあったのでは。どう解決されたのですか」

「以前は会社員でしたよね。会社員時代から、そういうことをずっと思っていらっしゃったのですか？」

――等々。それぞれケースに応じて過去を問う。

なぜ過去を会話の入口とするのかと言えば、いくつか理由があります。自分の過去の話というのは、理念のような観念的なものとは異なり、具体的事実なので語りやすいこと。誰にとっても聞いてもらう機会を案外欲しているテーマであること。しかも、創業時の話や転職、転機のいきさつには、その人の経営上の価値観とも言うべきものが滲み出てくることがあって、以後の話の展開の手掛かりともなること。どういう基準で人生を選択してきたかが見えるのです。

そして、価値観こそ、その人が抱く理念やビジョンの根幹を成していることが多いものです。

「未来」を聞くには「過去」から始める

会社を経営している人に、そのポジションに就いたきっかけや経緯を尋ねると、ほとんど誰もが嫌がらずに語ってくれるものです。過去に行ってきた選択にしても喋りたいことはいろいろあります。経営者は、ほぼ人生を賭けて経営しているので、人情としても自分の人生に対して肯定感、誇りを持ちたいと思っているからです。自分のことに関心を持たれ、質問され、みずからの口で語り、共感してもらえることは、快い安堵感や喜びをもたらすものとなります。

このように過去を聞き出す行為から始めて、「その結果、現在は業績も順調に伸びて」と現在の話を持ち出し、そのうえで、「全てうまくいっているように見えるのですが、成長意欲は旺盛で、まだまだやりたいことはあるのですか？」と、時間を過去から現在へと辿ってくると、自然と未来の話へと繋がります。理念やビジョンをテーマとする流れが生まれるのです。

さらに、「はたから見ればもう十分に成果を上げ、目標も達成されておられると思いますが」と水を向ければ、「いや、まだまだ実は……」などと、抱えている課題や今後クリアすべき問題点を、問わず語りに話し出してくれることにもなるでしょう。

過去の話を聞き出すことは、相手の人生に共感することに繋がり、自分が聞き出したいと思っていることを気持ち良く喋ってもらうための水を向ける会話となります。単純に「今の経営課題は何ですか」などとインタビュー調、アンケート調に尋ねることは避けたいものです。

過去に対する共感は、おのずと今の経営に対する共感にも繋がります。「現在、全面的にうまくいってらっしゃいますよね。課題なども解決されて何もないように見えるのですが」という感想も、右の共感の延長線上で自然な流れとして発すれば、答える側も思わず「いやあ実際、そんなことはなくて、いろいろな課題があって」と率直な反応を示すことになります。一種の親近感を持って、雄弁に語ってくれることになるのです（ここですぐに商品提案へと話を落とさず、話の次元を上げる）。

5. 経営トップはこんな人を好んでいる
――良い聞き手の三箇条

キーワードは、①観点、②共感、③意思の三つです。

まず①観点。聞き上手な人は、相手の関心領域に合わせて会話を進めるもの。経営者の場合、関心領域は既に指摘している通り、経営理念やビジョン、戦略です。業務上の瑣末な話や何を購買するかといった話題より、大局的なことに関心が集中しています。

したがって、その観点から問いを発してくれる人ほど好まれることになります。

そして、その話を熱心に傾聴し、②共感を示してくれる人。

しかし、何でも「御意」とばかりに頷き、単純に共感、礼賛の意を示しているだけでは、物足らなさを与えてしまうでしょう。

そこで、自分なりの③意思を持って、相手の話に反応することが大事になります。時には自分なりの意見をぶつけること。話をしている側は、より手応えを感じるものです。

以上の三点は、経営者にかぎらず誰にも通じる話。銀座のクラブやキャバクラのような接客業でも、一番の売れっ子は、美貌が目立つ女性ではなく、お客さんに気持ちよく喋らせる女性だと言われるのも納得できるところです。

また、テレビのビジネス関連番組を観ていると、「カンブリア宮殿」の小池栄子さんなどビジネスとは無縁のはずのタレントがインタビュアーを務めたり、入社早々の若い女性アナウンサーが経営者に突撃インタビューしているような場面に出合うことがあります。彼女たちがビジネス経験はゼロなのにうまく相手の話を引き出しているのも、右記の三箇条に沿った聞き方をしているからでしょう。ちゃんと①観点を押さえて、②共感しながら会話しています。この二つは学べばスキルとして実行できるもの。

一方、③意思を持つことだけはスキルの問題ではありませんが、彼女たちがインタビューを見事にこなしているのは、誇りとこだわりを持って仕事を遂行しようという意志を持っているからだと思います。自分の価値観との共通点や違いを意識しながら、経営者の考えを少しでも深く引き出したいという意志、視聴者の立場に立って経営者の考えていることを自分の言葉でより分かりやすく伝えたいという意志。役割に対する自覚です。営業パーソンが持つべき「意志」については次の項で。

6. 相槌の打ち方

前項では、①観点（相手の関心領域）と②共感と③自分の意思が、経営者との会話をスムーズに進めるために大切だと述べました。それを、さらに掘り下げてみましょう。

①観点については、本書の各所で触れています。

②共感を示すには当然、相槌が必要ですが、それにもスキルがあります。

駄目なのは、単純に「ええ」や「なるほど」を機械的に頻発すること。そういう反応だけですと、話し手は「本当に理解しているの？」と不信感を持ってしまいます。

また、日常の会話でも時々、相槌を打つタイミングを外して座を白けさせる人がいますが、それも禁物。話がサビに達する前の、前ふりの段階でおおげさに感激の言葉を発してしまうようなケースです。話し手にすれば、「あんた、私の話、ちゃんと分か

●共感姿勢を示す3つのポイント

1.聞いている態度を示す

・位置や姿勢（正対する）
・アイコンタクト
・身振り手振り
・表情による印象づくり
・話のテンポに合わせた相槌

2.最後まで聞く

3.相手の感情を汲み取って自分の言葉で返す

ってるの？」という気持ちになります。

一番良い相槌の打ち方は、時々、相手の話の内容を、自分なりの表現に置き換えて確認するという行為を繰り返すことです。「○○について、□△◎だとお考えなのですね」と、要約の言葉を相槌の代わりとすれば、「この人は私の話を理解しているな」と感じてもらえます。あるいは、相手の話を、比喩や別の事例に置き換えて「今のお話は、ちょうど●●みたいなものですね」「■■と同じですね」と反応すれば、話の本筋を受けとめていることを示せます。

話し手としては、自分の主張を単にオウム返しではなく、聞き手がさまざまな表現で正しくリピートしてくれるのは快いもので、会話はさらに深まります。

次に、③自分の意思。これは、自分自身の考えを持っているということ。価値観という軸があることです。経営トップの語る内容に異論を挿（はさ）んでいいものかと、誰もが思うでしょう。しかし、何でもかんでも「さすが」「おっしゃる通り」と受け入れるより、時には自分の価値観を基に異論を唱えたほうが話の中身が深まるものです。

その場合、異論を自分の価値観として伝えると同時に、「もしかすると社内にも私のように考える人もいたのでは？　その場合、どのように説明されてきたのですか」と、一対一の意見対立ではない形に広げて問いかけるのがポイントです。

また、価値観については、具体的な事実を基に自分が大切にしていることを伝えることが大切。例えば、目の前の経営トップが「我が社は徹底的にスピードにこだわりたい」という論を展開した場合、「私は研究開発の仕事を経験した立場から、スピードではなく質にこだわりたいという思いもあるのですが」などと根拠を示す。机上の空論ではないことを伝えれば、相手も根拠を語りたくなるものです。

結局、経営者の論を、否定するのではなく、こういう考え方もあるのではと対照物を持ち出す形で話を広げる。すると、それならもっとよく説明してやりたいという経営者の意欲が引き出され、話が深まります。

7．話を深めるには仮説をぶつける

「御社の課題は何ですか？」

初対面の営業パーソンからこの質問をされて困った経験はありませんか。

提案営業においてはお客様を理解し、お客様の解決すべき課題を捉えることはとても大切です。ソリューション営業をするにしてもインサイト営業をするにしても、最終的にはお客様の課題を特定して解決提案に落とし込むことになります。

しかし、関係構築ができていない段階で営業パーソンから「あなたの課題は何ですか」「御社の課題は何ですか」と言われても正直困るというのが顧客心理ではないかと思います。インサイト営業における「あなたの会社のビジョンは何ですか」「御社で大切にされている考え方は何ですか」という質問も同じです。

なぜ困るのでしょうか。

それは、これらの質問に仮説がないことが答えにくい一因になっています。人によっては仮説のない問いを投げられると、「初対面のあなたになぜ課題を話さなければならないのか」とイラっとするかもしれません。

このように、営業パーソンの〝仮説のない拡大質問〟（YES／NOや単語で答えられない質問）はお客様から良い反応が得られないことが多々あります。

実際にお客様の立場に立って以下の三つの質問を見比べてみてください。

・全く仮説なし「御社の採用面での課題は何ですか？」
・質の低い仮説「即戦力人材の採用が課題になっていませんか？」
・質の高い仮説「中途採用ページが三カ月間で二回も更新されていますが、即戦力の求職者に対するメッセージの出し方が課題になっていませんか？」

仮説の質が高くなることによって質問が鋭くなっていくことが分かるのではないで

しょうか。

では、仮説を元にした質の高い質問（以下「仮説質問」という）の特徴は何でしょう。

それは三つあります。

①事実または経験に基づいている仮説質問

事実や経験が仮説の根拠になっていると、問われていることに対する納得感が高まり、回答意欲が高まります。

例「働きがいの追求という経営方針を拝見し（↑事実）、人材育成にも力を入れているのではないかと思ったのですが、いかがでしょうか」

例「私がかつて所属した会社では営業管理システムの導入に一部社員が反発して対応が求められたのですが（↑経験）、御社では似たような課題はございませんか」

②下調べの量や、情報の質の高さを感じさせる仮説質問

情報の量や質の高さを感じると、営業パーソンに対する共感が高まり、何か情報提供したらさらに良い情報が出てくるのではないかという期待感も高まります。
例「御社で運営されている一五店舗のうち九店舗では、平日にお客様が六〇分以上お待ちの様子でしたが（↑下調べの量と情報の質の高さを感じる）、お店では何が課題になっていると感じますか？」

③関心領域に合致した仮説質問

そもそもお客様は無関心なことに対して会話をする価値を感じません。仮説質問にかぎった話ではありませんがお客様の関心領域に合わせて話題を選ぶということが大切です。例えば営業出身の経営者に対して、工場の生産業務における承認フローの話をしても「それは生産管理部に任せてあるから――」ということになってしまいます。
例「これまで御社の法人営業で培ってきたノウハウや強みが、この度の新規事業でも何か活きる気がするのですがいかがでしょうか？（↑営業職出身の経営者には関心領域ど真ん中）」

人は良い仮説を投げかけられると肯定か否定をしたくなります。当たらずともイイ

●良い仮説とは

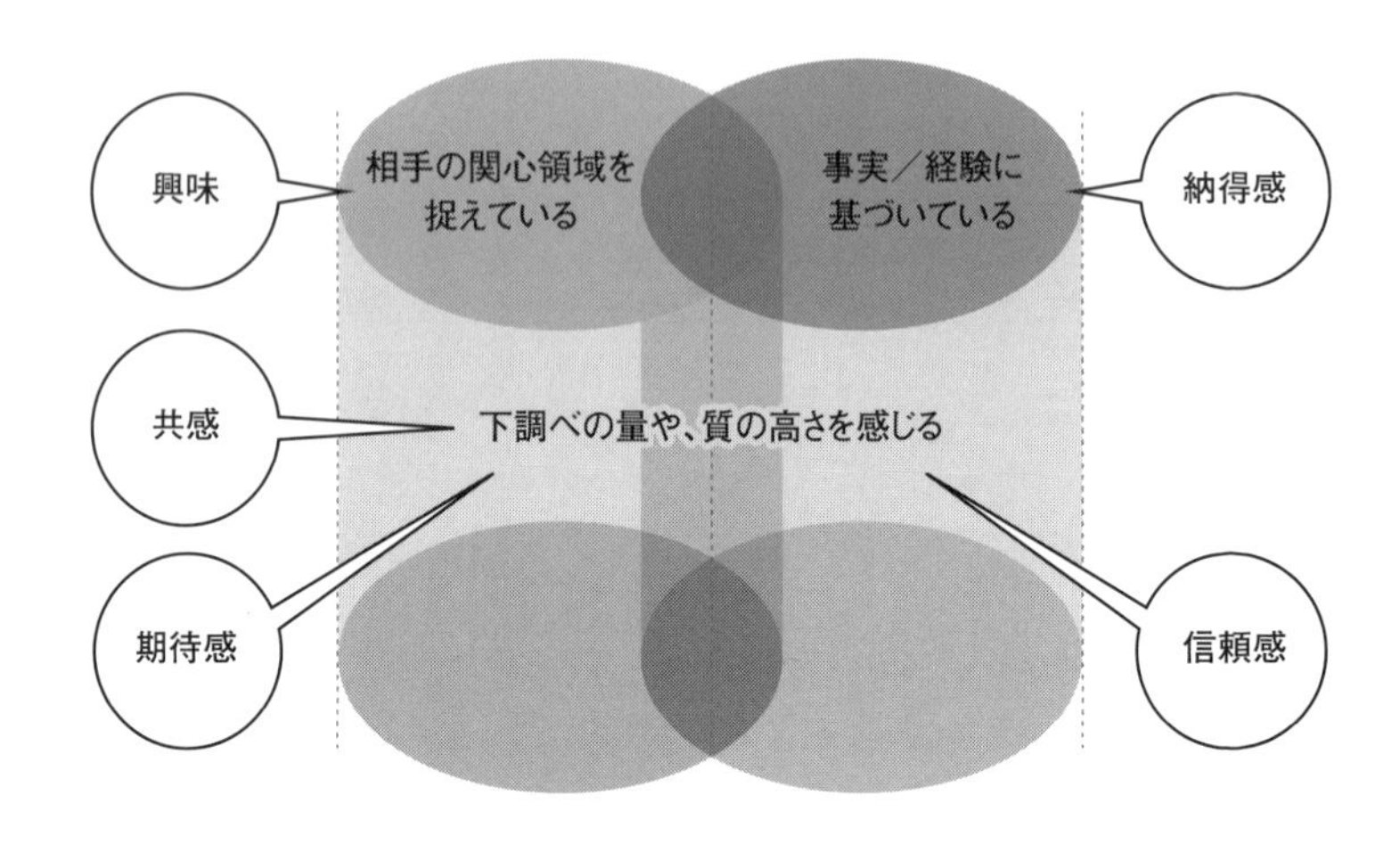

線をついている仮説質問は、質問をされた側が「より正確に理解してもらいたい」という気持ちになり、つい具体的に回答してしまいます。

仮説質問については営業研修などでなかなか触れられないテーマではありますが、日常的に重要なコミュニケーション術です。

第6章

こうすれば AIに負けない 営業力は育つ

1. 時代はＡＩへ。流れは止められない

営業の世界でも、ＡＩ（人工知能）の流入は今後ますます避けられないものとなるでしょう。現在でも既に飛び込み営業の一部にＡＩが活用されています。

例えば、次のような形です。電話が掛かってきて受話器を取ったら機械音声でアンケート調査が始まる。回答して電話を切ったら再び電話が。今度は人間からで、アンケート回答ありがとうございましたと営業が始まる――。

ＡＩに関してはいま、二〇四五年問題が注目されています。人工知能が指数関数的（エクスポネンシャル）勢いで技術の成長を引き起こし、この年に、成長速度を描く上昇カーブが垂直上昇の状態に達し（シンギュラリティ：Singularity）、人類文明に計り知れない変化をもたらすという仮説です。

好むと好まざるとにかかわらず、そのような時代に向かっていることは確かです。営業パーソンは、居場所が狭まっていくなかで、人間であることの価値を発揮できなければ存在する意味を失ってしまうでしょう。しかも、その「人間であることの価値」も、人柄と状況対応力で売り切るという〝古き良き営業〟とは異なる形で発揮することが求められる時代へ。それに応えるものが、まさに価値観や理念・ビジョンに沿った営業、インサイトセールスなのです。

2. 経営トップが身を乗り出して聴く提案をするには

自分自身の軸を持つことの大切さ——この項では、それを語ることになります。
経営トップから経営理念や事業ビジョンについて聞き出すインサイトセールスを行

っていると、時に、逆質問されることがあります。「今お答えした通り、私は経営者として○○を大事にしたいと思っているのだが、君自身は何を?」と。この質問には、自分自身の軸がないと答えられません。例えば、「私は営業としてお客様と未来を語り合うことを大切にしています」という答えにしても、その言葉の後に、「なぜならば……」と聞き手を納得させるような中身が必要だからです。

経験、実感に裏打ちされた自分なりの考えを語れる営業パーソンであるか否かによって、面談相手の経営トップがあなたに抱く共感度も大きく異なってくるでしょう。経営者も、聞き手が自分自身の価値観や持ち味を備えた人間だと感じれば、より熱心に語る気になるものです。

前章では経営トップから話を聞き出すためのスキルについてさまざま触れましたが、スキルだけで聞き出す行為に終始するよりも自分の側の軸も示しつつ質問することが、究極的には共感を呼ぶことになり、最終的な提案についても受け入れられる確率を高めることになるでしょう。逆に言えば、そういう過程を経て出てくる提案でなければ、経営トップが身を乗り出して耳を傾けるものとはならないということです。

ここで、自分自身の軸、つまり価値観を語る場合のポイントについて考えてみたいと思います。自分自身の価値観は何から生まれるかと考えますと、私は次の三つだと思っています。①過去の経験、②人との出会い、③メディアです。

最初の①過去の経験とは、例えば、かつて高い所から落ちて大怪我をした経験のある人なら、それが生涯最大の衝撃的事件として心に刻まれ、安心や安全を第一に考えることになるかもしれません。

次の、②人との出会いも、過去の経験の一種ですが、インパクトある出会いは価値観の形成に多大な影響を与えることがあるでしょう。例えば人気野球選手に会う機会があって、「将来はプロ野球選手になりたい」という夢を後押しされた場合などです。
③メディアとは、テレビや新聞、書籍などから得た情報で、心を揺さぶられたようなケース。大震災の映像を目にして心が揺さぶられ、支援のために東北移住を決意したとか、誰かの伝記を読んで生き方に感銘したというような行動が該当するでしょう。
以上のように、自分の価値観を、エピソードを伴った形で、言葉によって伝えることができる。それが自分自身の軸を持つことであり、インサイトセールスを行う営業パーソンには大事なことです。単に商品のスペック上の強みだけを強調した提案ではなく、価値観から生ずる強い思いが入った提案になっているか。これからは、そうい

ったことが大事になってくるでしょう。

経営者は何か意思決定する時は合理的に決めたいと思うものですが、しかし実際には合理性よりむしろ価値観を重視した選択となることも少なくありません。データ的な優劣以上に、人間の心意気のようなものを基準に判断を下す経営者も案外多いものです。例えば私自身なら、自分が格好いいと思えるかどうかを判断基準にしています。

経営者への提案は、合理性と価値観、両方への共感が得られたうえで行えれば、それがベストです。

3. なぜ営業職の教育に力を入れるのか
――価値観・私の場合

ここで私自身のことについても少し記しておきましょう。私は母子家庭で生まれ、育ちました。

高校では学費が払えなくなって卒業式時点では卒業証書をもらえず、アルバイトをしながら職探し。数カ月遅れで学費を払いきった時点で高卒資格を得ましたが、そのまま働くつもりでいました。しかし、大学に進んだ友人たちの姿を見ているうちに自分も進学したくなり、秋から猛勉強。奨学金での大学進学を目指しました。偏差値三〇からのスタートです。あの時ほど必死に勉強したことはありません。幸い早稲田大学の理工学部（応用化学科）に合格。

やがて卒業の時期となりましたが、時代は就職氷河期。特には理系は大学院卒でなければ就職先はありませんよという状況。仕方なく大学院に進み、昼は働いて授業料に充てていました。が、授業料の高さについていけず、二年への進級を断念。教授に報告に行ったら、なんと教授が授業料全額を貸してくれたのです。もちろん感謝しましたが、それ以上に情けない気持ちが当時は強かったのを憶えています。

その頃から、将来は、教育を受けられない人たちに還元できるビジネスパーソンになりたいなと思い始めました。教育を受けたいのに受けられない社会でいいのかという思いが私の気持ちの中に強く湧いていました。現在、自分の会社で、売上の一部を海外の発展途上国の学校作りに回しているのも、そのような気持ちからです。利益を国に税金として納め社員に賞与として還元することももちろん大切ですが、何か社会に直接貢献したいという思いがあるからです。

また、営業職と教育の関係についても、これでいいのだろうかということを感じていました。営業パーソンというのは、現場で覚えてナンボという扱い。前章で記したような、人から話を引き出すスキルや、自分の価値を伝える大切さなどを体系的には学んでいないのが普通です。企業で行われる教育は、本部など内勤のスタッフが中心で、営業畑は学習意欲はあるのに教育を受ける機会がない人が圧倒的に多いのが現実です。特に、経営者から話を聞き出すような訓練は、まず受けていません。

我が社が営業教育や人材研修を事業の中心分野としていることも、また、私が営業パーソンに向けた本書を出版しようと考えたのも、右に記したような思いがあるからです。話が私事に逸(そ)れましたが、以下、再びインサイトセールス実行の詳細について述べていきます。

4.顧客の階層ごとに合意をとる方法

大手企業にインサイトセールスをかける時には、何度も述べた通り、一営業パーソンだけで先方に乗り込むのは厳しいもの。そこで、できれば会社ぐるみで出向きます。

担当本部長など経営層から管理職クラス、現場営業担当者まで、各階層が並んで面談に同席することになります。

その場合のポイントにも触れておきましょう。大事なのは、各階層の役割分担を、事前に十分打ち合わせておくことです。各自がそれぞれ自分が責任を持って相手側と合意すべき領域は何かを明確に把握しておくこと。自分のカウンターパートと交わすべき会話のテーマです。各層が、例えば、経営層同士ではビジョンや企業としてありたい姿について互いに共感し合うような会話をする、そのうえで課題解決の方向性に関しては管理職同士で話し合う、さらに、それを受けて担当者同士では受発注の諸条件を細部まで詰め切る——というように。

多数が同行して顧客企業を訪ねた席では、往々にして一番地位の高い者だけが相手と会話し、他の全員はまるで置物のようにただじっと同席しているだけという現象が起こりがちです。インサイトセールスでは経営層が理念やビジョンを語り合うことが重要ではありますが、各層ごとに自分が担当する領域について責任を持って話すことも欠かせません。

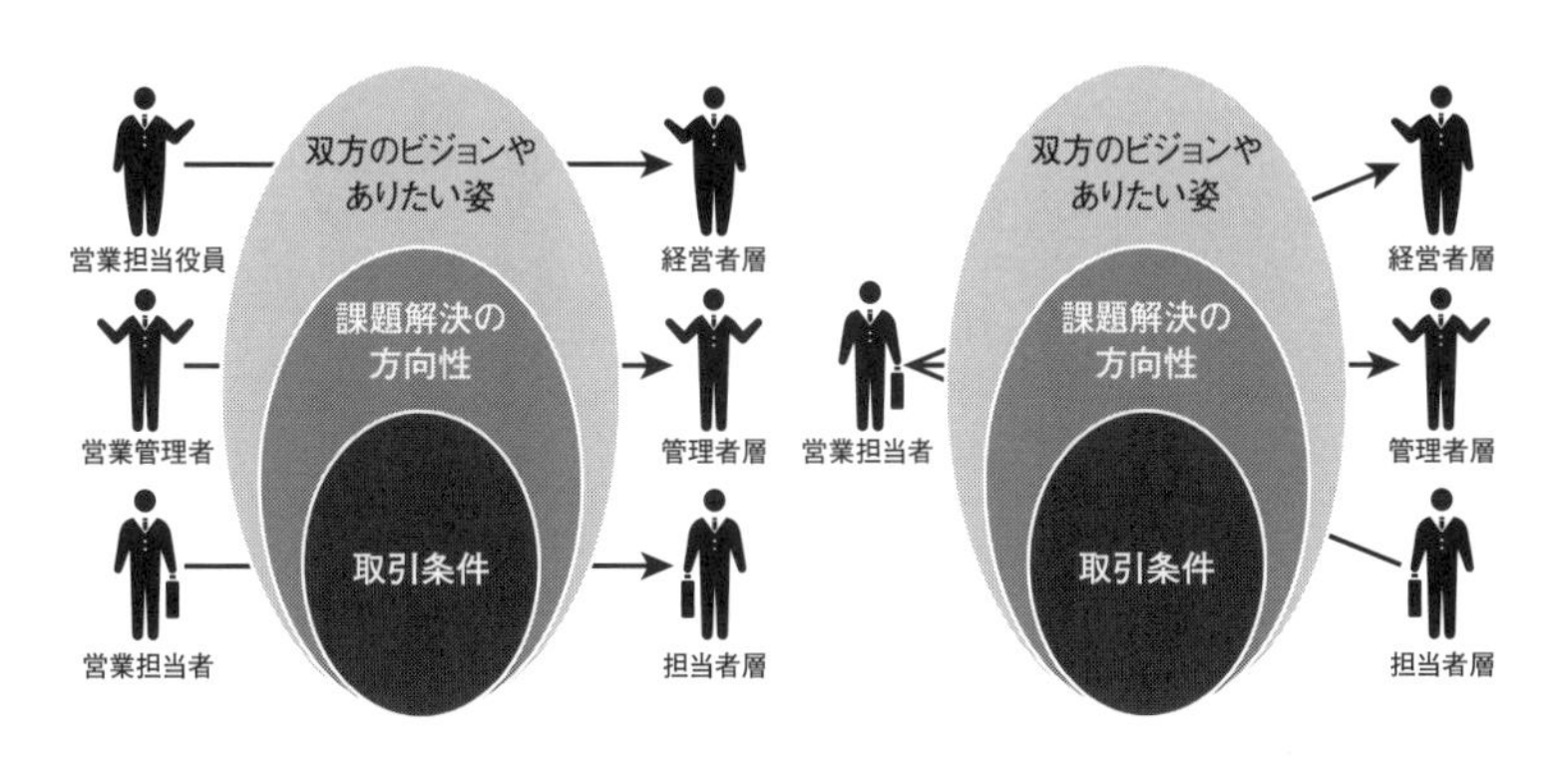

また、右記の指摘とは矛盾することですが、時には、領域を離れて、現場営業担当者が相手の経営トップに質問できるよう、上司が仕向けてあげることも長い目では大切です。一営業パーソンが顧客の経営トップときちんと話せるよう成長するための教育です。中小企業が相手のインサイトセールスでは、一営業パーソンが単独で顧客の経営トップとも話す必要があるからです。

上司は商談の場で話のクオリティを下げたくないので、権限のない一営業パーソンや若手営業パーソンの存在をつい軽視しがちですが、長い目で見守る姿勢も大切です。

5. 攻めるべき顧客と優先度を低くしていい顧客を見極める

1. インサイトセールスでは会社を選ぶ必要がある

インサイトセールスは、どの会社にも闇雲に行っていい、というものではありません。インサイトセールスは、相手を選ぶ、つまりターゲットとする会社を選ぶことが大事です。

なぜなら、インサイトセールスを行うためには手間暇がかかります。前章までに述べてきたことでもお分かりの通り、そもそも経営トップとの面談を実現するには、先方に対しても自社内でもさまざまな根回し、調整が必要です。

●顧客企業を選ぶ

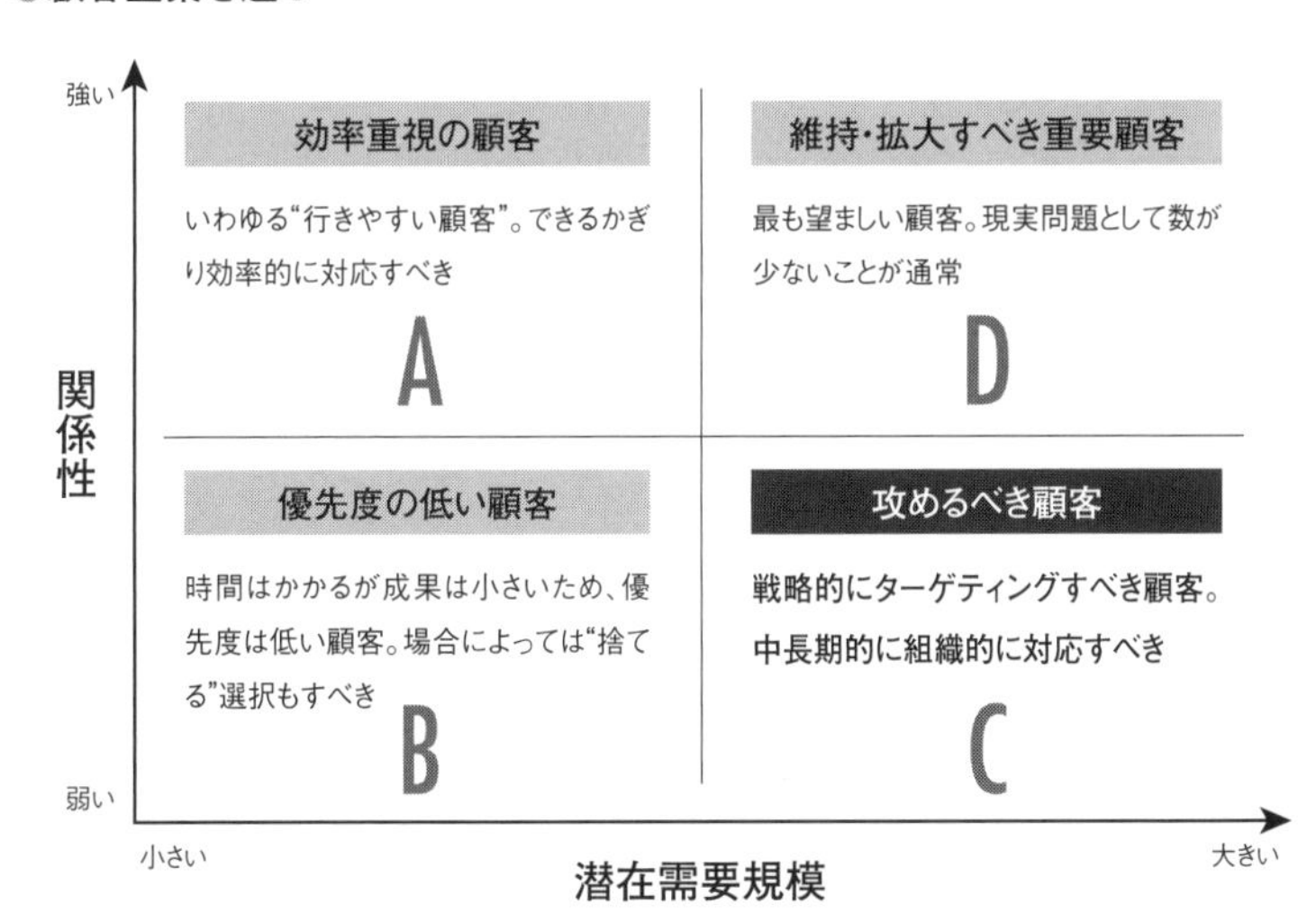

だからこそ、「この会社ならインサイトセールスをする価値があるぞ」という相手に的を絞ることが重要になってくるのです。

では、インサイトセールスのターゲットとするに足る価値ある企業とは何か。

ここで、「関係性とポテンシャル」のマトリックスを描いてみましょう。

縦軸を関係性の強弱（営業パーソンとして訪問しやすい相手か、顔を出しづらい会社か。前者は仲が良い、取引年数が長い、業界シェア的に取引に無理がない等の相手）、横軸をビジネス・ポテンシャル＝潜在需要規模の大小（将来的に大きな営業成果に発展する可能性を秘めているか、あまり期待できないか）として四つに区分します。ポテンシャルが高く関係性も良い。

一番大事な顧客は、当然Dの位置にある企業です。ポテンシャルが高く関係性も良い。

しかし、残念ながら、そんな相手はめったにいないのが営業の現実。一方、Bは優先度を落としていい相手。では、残るAとCのうち、どちらに足を運ぶか。多くの営業パーソンは、Aに向かいがちです。ポテンシャルは低いが訪ねやすい相手です。

しかし、本来向かうべきであり、より力を入れるべき対象はCに位置する企業です。行きづらいのだが、高いポテンシャルを秘めている相手です。ここで営業に成功し成約に至れば、いままでなかった大きな果実を得られるだろうからです。Cを、最も大事な顧客Dの位置に引き上げようという意識こそ重要なのです。インサイトセールスのターゲットとして狙うべきなのは、このCの会社です。営業努力でDの位置に引き上げることは可能なのですから。

我が社も創業時からCやDをターゲットとすることに決めていたのですが、それだけに目先の収穫にはなかなか繋がらず、創業期はだいぶ苦労しました。しかし、今日のご飯だけを追っていると、来年のための種蒔き（たねま）ができなくなってしまいます。

行きやすいAを対象とするのも決して悪いことではありませんが、そもそものポテンシャルが低いので、努力してもDの位置に移行できる可能性は低い相手です。そこを対象に動き回っている営業パーソンは、それなりに受注は取ってくるし傍目にも張り切って忙しくはしているが、その割に大きな数字は上げていないというタイプになりかねません。

私自身が味わった「行きづらいが、ポテンシャルが高かった」典型例を紹介しましょう。

昔、携帯電話の飛び込み営業をしていた時代の話です。上司に「この地域、軒並み一軒も飛ばさず全部飛び込め」と命じられました。私はそれを実行したつもりでしたが、上司に次のように叱責されたのです。「よく見ろ。そこに交番がある。お前、そこはスルーしただろ」と。確かに無意識に飛ばしていたのです。どの社の営業パーソンも同様でした。

そこで、交番に飛び込んでみたところ、売れたのです。個人としての購入です。買いに行く余裕のなかった近隣の警察官まで集まって来て、たくさん買ってくれました。行きづらい所はライバルも行きづらいので、実はチャンスがあるのです。

インサイトセールスの実施には会社を選べという点について、もう一つ別の視点も挙げておきます。意思が明確でない顧客からの注文に対しては、こちらから撤退する勇気も必要だということです。

我が社は企業の人材教育を請け負うことを主要業務の一つとしていますが、某社が管理職向けにマネジメント研修を実施したいと研修会社を募った時のこと、我が社もコンペに参加したのですが、こんなことがありました。その研修を行おうとしている背景を同社の担当者に尋ねても、明確な意図や意欲が感じられず、社長の発案で始まって以来ずっと続けていることだから程度の理由しか出てこないのです。また、予算額も人数に釣り合わない少額でした。その研修にどのぐらい資金を投入するつもりかには企業の意思が表れます。金額のこと以上に、ビジョンの不明確さから我が社はみずからこのコンペから撤退しました。インサイトセールスが目指すのは、営業を行った結果、発注側も受注側も互いに満足し共感を得られるような仕事だからです。

2. インサイトセールスは、人を選ぶ必要も

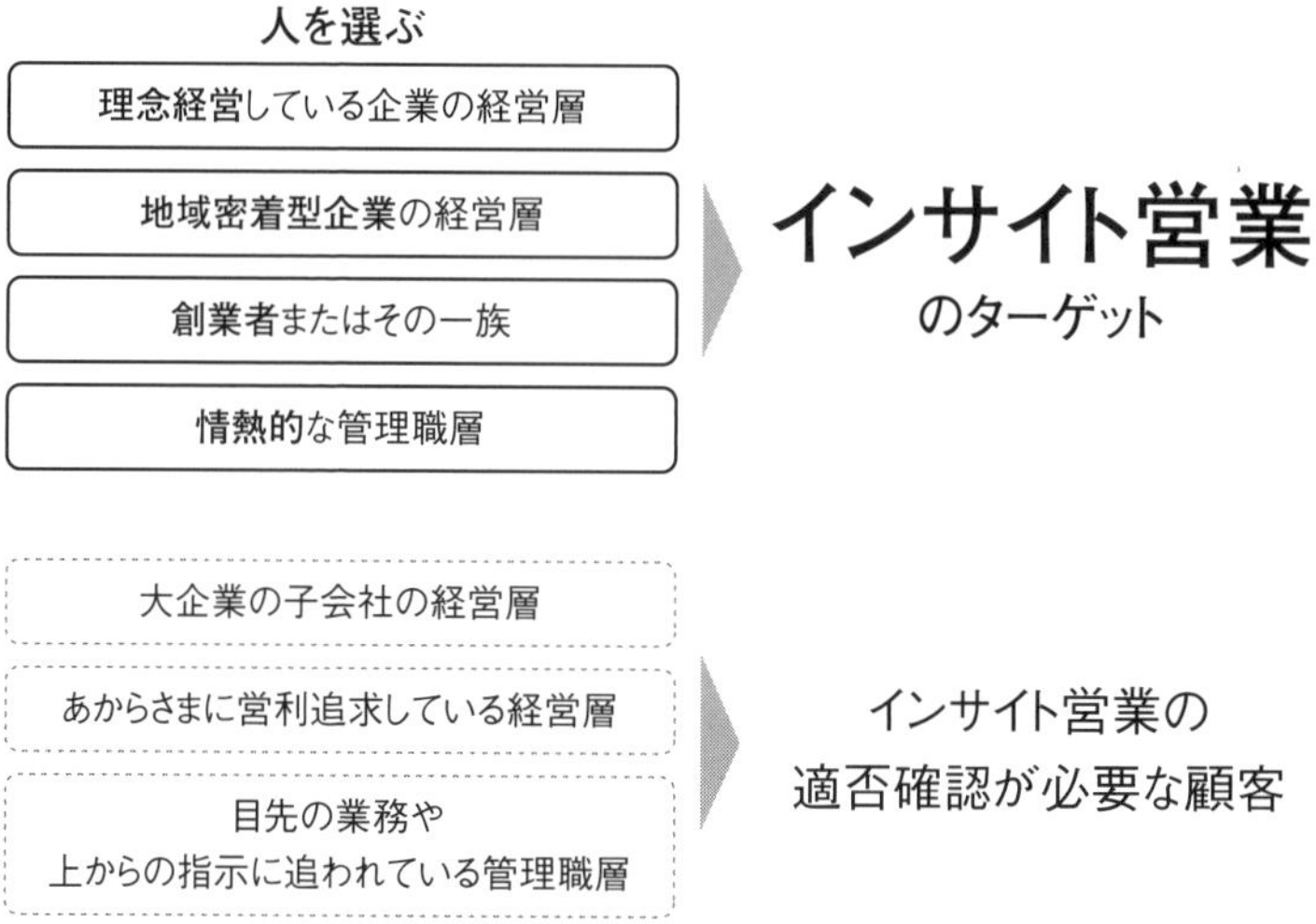

人を選ぶ

理念経営している企業の経営層
地域密着型企業の経営層
創業者またはその一族
情熱的な管理職層

→ インサイト営業のターゲット

大企業の子会社の経営層
あからさまに営利追求している経営層
目先の業務や上からの指示に追われている管理職層

→ インサイト営業の適否確認が必要な顧客

インサイトセールスで選ぶ必要があるのは会社だけでなく、人も、です。営業パーソンに人を選ぶ目がないと、調整のための負荷だけが掛かって結局疲弊して終わるということにもなりかねません。

人とは、事業戦略レベルでの意思決定権を持つ経営者です。自社の事業に強い思いを持っている経営トップなら、おおいに理念やビジョン、戦略の話に乗ってくれて、インサイトセールスが効力を発揮すると期待できます。例えば創業社長や一族経営の後継者、地元密着を掲げる企業のトップなど、会社に人生と生活を賭けているような人。

しかし、いわゆるサラリーマン社長で

自分の任期を無難に終えることばかり考えているタイプや、メガカンパニーの数あるグループ企業中の一社のトップで、独自の権限が小さいケース等では、インサイトセールスの矢が刺さりにくいことも想定しなければなりません。また、権限はあっても、大切なのは理念やビジョンではなく、利益や効率が第一だというタイプの経営者にも刺さりにくいでしょう。この経営者にインサイトセールスを行うべきかどうか、営業パーソンには慎重な判断が求められます。

なお、部長など中間管理層にもインサイトセールスが刺さる情熱的なタイプはいます。指示待ち型ではなく、自分の意思を持って主体的に動き社内に対する影響力も高い中間管理職や、中間管理職としてのビジョンを持っている人なら、インサイトセールスは効果を発揮するでしょう。

そのような中間管理職とコミュニケーションを取る場合には、次のようなことを聞き出すよう心掛けるのがポイントです。自社の経営理念のなかで一番共感しているのはどの部分か、それを踏まえ自分が受け持つ部署の中で今後何を実現したいと考えているのか。商品提案するにも、そのような事柄について共感・合意したうえでのほうが、受け入れられやすくなります。

いずれにしろ、人を見極めるには実際に会って話をしてみなければなりません。これはＡＩには判断できない世界でしょう。

次章では、ＡＩに負けず、インサイトセールスを実行できる営業パーソンとなるために必要な力とその育て方について記していきます。

第７章

六プラスー、七つの力を育てよう

1．価値の訴求力

インサイトセールスを実際に行える状況に持っていくには、まずその第一歩として、それがどれほど意義のあるものか、お客様にきちんと伝えきることができなければなりません。賛同が得られなければ、そもそもスタートを切れません。

そこで伝えるべきことは、前にも触れた通り、三つの価値です。

1．話の中身についての価値。2．自社ならではの価値。3．今である価値。

これら三つの価値を、言葉としてきちんと伝える力を身に付けたいものです。

例えば、社員研修を行いたいと考えた企業が、研修会社に資料請求したくて問い合わせたケースを想定してみましょう。研修会社側は、そこで生まれた細い繋がりを、どうすれば直接相手先を訪問する面談に結びつけることができるか。

繰り返しになりますが改めてひと通り述べておきます。まず、「1．話の中身につい

押さえるべき3つの価値	具体的なセリフ例	お客様の心象
話の中身 についての価値	受発注システム老朽化のお話を小耳に挟んだのですが、社内で刷新の話などがあがっていませんか？　もしくは、バージョンアップなどの計画でお困りではないですか？	いいポイントをついているな、今抱えている課題について少し話をしてみようかな……。
自社、自分と 話をする価値	先日私が担当した案件で、御社と同じ業種、同規模のお客様で、受発注システム刷新の支援を行った実績がございます。次回、コスト削減、業務効率改善のデータなど、高橋様にお役立ていただけるデータをお持ちできればと思います。	共通点のある事例か、役に立つかもしれないなぁ、この営業に相談する価値がありそうだ。
今 話をする価値	早めに十分な他社事例の情報を収集してから検討を進めれば、高橋様が把握しておくべき点などを網羅的に押さえることができます。また、社内でいろいろと突っ込まれたときの対策も立てやすいのではと思います。	確かに自分だけで考えるよりも、今から事前に情報を仕入れたほうが今後に役立ちそうだ……。

ての価値」を伝えるとは——お客様にとって価値ある情報を我が社は持っていますよということを伝えることです。「資料請求されるのは、半年程度のうちに研修について何らかの企画を打ち出すべき立場に立っていらっしゃる方が多いようですが、お客様の場合はいかがですか。実際に企画・実行するとなると簡単ではないとお感じになるのでは？」と、仮説をぶつけたうえで、「企画が成功するパターンと、失敗してしまう典型的なパターンがあるのですが、ご存じですか」と問う。あなたが知りたいだろう価値ある情報を、私は持っていますよという発信です。

多忙な中で時間をかけて聞く価値があ

る話だと、相手に感じてもらえるよう話を進める力は大切です。

次に、「2．自社ならではの価値」とは、既存の取引関係に割り込むために必要なもの。ほとんどの企業は既に馴染みの取引先を抱えているものですが、その関係に割って入るには、他社とは異なる自社ならではの価値を、きちんと言葉にして伝える力がなければなりません。

例えば、食品メーカーに対する営業の場合、自社の実績のうち、その食品メーカーにとって非常に参考になりそうな部分、共通点のある事例をほのめかすような会話力です。

「弊社では御社のようにレトルト食品に注力している企業様のご支援をして喜ばれた実績がございます。その際に成功のポイントと落とし穴がいくつか見えてきました。今後そういった事例提供かたがた情報交換をさせていただくことは可能でしょうか」と自社ならではの価値を言葉にして賛同を得る。

以上の1と2によって、この営業パーソンは何か有益な情報を持っていそうだと感じた相手は、「しかし、実際に検討するのは来年の予定なので、時期が来たらお声掛けしますから」と、当面は不要という反応を示すことが多い。

そこで必要になってくるのが、「3．今である価値」です。「来年の検討に先立って、いろいろ情報だけでもお手元に揃えておいたほうが、検討自体がしやすくなりませんか」と強調する。

これら三つの価値を伝えることで、一本の問い合わせ電話を、訪問面談の実現へと結びつける確率がぐんと高まります。右に紹介した電話内容はあくまでも一例に過ぎませんが、各業界の各営業パーソンが、自分のケースに応じて、この種の説得の言葉をスムーズに発することができるよう日頃から心掛ける。そのことが大切です。

まずここを突破しないと、インサイトセールスの入口には立てません。

2. 顧客理解力

一般的な顧客理解の概念について

皆さんは営業パーソンから的外れな質問をされたり、一方的な説明を受けてイヤな思いをしたことはありませんか？

営業活動において顧客理解、すなわちお客様のことを理解することはきわめて重要です。顧客企業に対してソリューション営業（課題解決型の提案営業）をやってきた方であれば、日常的に実施している方も少なくないと思います。

二種類の顧客理解

顧客理解には二種類あります。

事前調査によるいわゆる〝間接的顧客理解〟と対面コミュニケーション（インタビュー）による〝直接的顧客理解〟です。飛び込み営業に代表される、ひたすら足で稼ぐような営業パーソンは事前調査をあまりやらない傾向がありますが、初回訪問はここで差がつくと言っても過言ではありません。話の内容に差がつくことはもちろん、「きちんと調べた」という事実が自信に繋がり落ち着いて商談に臨めるはずです。

例えば、ある人材紹介会社の営業パーソンが弊社に訪問してこられた時の話です。その時の営業パーソンはホームページ上の情報はもちろん私のプロフィールや実績、著書までを事前に調べ上げてきていて、嬉しくなった私はついたくさんの話をしてしまいました。

一方で、アポイントメントを取っているにもかかわらず事前調査を全くせず、お客様の事業も知らずに訪問してくる営業パーソンも世の中には存在します。来社した営業パーソンから「御社は何の仕事をやっているのですか」と聞かれたことが数回ありますが、その時は面談時間を作った自分を残念に思いました。

【間接的な顧客理解について】

・事前調査の意義

お客様情報の事前調査はその後の対面コミュニケーションの場で大いに役立ちます。事前調査によって顧客理解を深めておく意義は大きく分けて三つです。

①会話の質が上がる

事前調査によって訪問当日の会話の質が上がります。特に多くの情報を持つことで仮説が立てやすくなるはずです。事前調査の精度は仮説の精度と比例します。

②自信と落ち着きが持てる

質の高い準備をすることによって、質の高い質問や会話ができるはずだという自信にも繋がります。慌てて質問や会話を考える必要もなくなるので、落ち着いてお客様の表情や声のトーンにも集中できるようになるでしょう。その自信がお客様に安心感を与えることもあるはずです。

③結果として信頼を得られる

右記の結果、お客様からの信頼が得られ、次回以降の訪問に繫げやすくなるでしょう。顧客心理として、忙しいなか時間を割くのであれば、有意義な面談ができる営業パーソンと話をしたいと思うものです。この信頼の蓄積こそが営業パーソンとしての資産になっていきます。

当然ですが、これは顧客側にとっても意義があります。その意義は営業パーソンの事前準備によって価値ある時間を過ごせるということです。

ホームページを見れば分かるような事柄を説明している時間は、顧客視点で価値ある時間とは言えません。自分のビジネスを前に進めるための有意義な話に時間を割きたいと考えるものです。営業パーソンが事前の情報収集をしてくると、無駄な時間を省くことができ本題に会話を集中できます。

・事前調査のポイント

事前調査をするポイントは何でしょうか。

もしかすると事前調査を難しい作業と感じる人もいるかもしれませんが、最近は事前調査が本当に楽になりました。インターネット上で欲しい情報の多くを入手できるからです。

上場企業に至っては、訪問前に知っておきたい情報をほとんど入手することができます。人によっては財務諸表をしっかり分析して顧客理解を深めるという方もいますが、そこまでする必要はないと思います。一〇分もあれば調べられるようなことをしっかりと調べていくという姿勢のほうがよほど大事です。

一〇分もあれば調べられる情報とは、例えば次のような顧客情報です。

〔会社概要〕

事業内容

代表者名

社員数
拠点数
会社沿革

〔経営状況〕
売上、利益などの経営数値の推移
業績見通しと課題

〔経営計画〕
経営方針
経営目標
経営戦略

〔商品サービス〕
商品概要

サービス概要
新製品情報

〔組　織〕
組織図
役員人事

〔その他〕
最新ニュース

インサイト営業における事前準備

インサイト営業では、これプラスもう一歩踏み込んだ事前調査が大切になります。特に顧客経営者と初めて会うときには、この事前調査が成否を分けます。ホームページに載っているような、いわゆる基本情報はもちろんですが、特に以下の事柄を重点的に調べることで面談の質が大きく左右されます。

・ホームページ上の経営理念／ビジョン

会社として大切にしている理念やビジョンについて、しっかりと読み込んでおきます。何を大切にしている会社で、今後目指す姿はどのようなものかを理解し、訪問時の会話の材料にします。理念やビジョンは経営者が最も関心がある領域の一つです。

ちなみにですが、経営理念やビジョンについてはホームページよりも求人サイトのほうが分かりやすく書いてあることがあります。昨今は採用難の時代です。求職者に振り向いてもらえるように、経営者みずからが気合を入れて理念やビジョンを求人サイト上で語っているケースが多々あります。

・ホームページ記載の経営者挨拶の概要

会社によってはホームページに、経営者が挨拶をしているページがあります。このページは経営者が直接文言を書いているケースが多く、経営者の価値観が最も表れているページの一つです。経営者が何を大切にしていて何を目指しているのか、いわゆる理念やビジョンはここでもふんだんに表現されています。

・インタビュー記事（外部サイトや雑誌なども含む）

いろいろなメディアに出て自分の想いや今後のビジョンを語る経営者は少なくありません。インタビュアーが経営者から想いをうまく引き出して、記事にまとめているケースも多々あります。このような記事に目を通しておくと、経営者の想いや会社が目指す方向性が手に取るように伝わってくることがあります。

・経営環境の変化

その顧客企業を取り巻く市場環境の変化を調べます。業界内における競合や市場規模を把握することはもちろん、新たな法制や人口動態変化など今後その業界で戦ううえで看過できない環境変化についての情報を集めます。

このような事前情報があることで、お客様の関心領域に沿った本質的な会話ができるはずです。

【直接的な顧客理解について】

おそらく誰しもが一回くらいはいわゆる「一方的営業（一方的接客）」を受けたことがあると思います。営業側は決して悪気があるわけではありません。それどころか一生懸命に営業をしています。それなのになぜイヤになるのでしょうか。

それは顧客心理として以下のいずれかの感情を持つためです。

「その商品・サービスがなぜ自分に必要なのか分からない」

「自分に必要な商品・サービスかもしれないが、この営業パーソンは私の事情も理解せずに、自分が売りたいものを押し付けてきている」

顧客理解の意義について

提案に先立ってお客様にインタビューをすることには、三つの意義があります。

①そもそも相手を理解するという行為そのものが関係構築に繋がる

人は他人から何らかの施しを受けた場合に、それに対して何かお返しをしなければならないという感情を抱いてしまいます。この心理変化を「返報性の法則」と言います。営業活動においても同じです。自分の話をしっかり聞いてくれ理解してくれる人に対して、今度は自分も相手の話を聞いてあげないといけないという心理が働きます。顧客理解をする行為が相互理解を深めるきっかけになり、顧客との関係を良好にします。顧客との関係が良好になると結果的に成約する確率も上がります。

②提案の進め方や方向性が分かる

インタビューによって今後の提案の進め方や方向性が見えてきます。ソリューション営業をやったことがある方にはお馴染みかと思いますが、例えばお客様のいわゆるBANT情報※を捉えることで提案の進め方や方向性が大枠掴めるようになります。

※BANT情報＝B［Budget（予算）：製品・サービスを導入するための予算はあるか、もしくは確保可能か］＋A［Authority（決裁権）：意思決定をする人は誰なのか］＋N［Needs（必要性）：組織としての課題や問題認識はどこにあるのか］＋T［Timeframe（導入時期）：導入するタイミ

ングはいつなのか」

この「BANT情報」は事前調査では得られないいわゆる直接情報です。BANT情報を得ることで提案の進め方や方向性が定まり、顧客の意思決定プロセスまでも理解できると言ってもいいと思います。

③自分の見識が広がる

インサイト営業では、相手の個人的な想い（価値観）や目指す姿を徹底傾聴することがポイントになります。インタビューをする過程で徹底傾聴をすると、ふだんは得られないような貴重な情報を得ることができます。相手の想いに耳を傾けることにより、その相手の価値観や自分では持ち合わせていない視点に触れることで見識が広がり、新たな学びも生まれます。

顧客理解のポイント

繰り返しになりますが、インサイトセールスの肝は、やはり顧客理解力です。といっても、単にお困りごとを理解するというだけでなく、本書で再三強調しているように、お客様が何を目指しているか、何を大切にしているか、どんなこだわりを持っているかを、経営視点でしっかり理解すること。

インタビューでは、ややもすると聞き出す項目を決めてもらさず聞くことが重視されがちです。

しかし最大のポイントは共感性です。相手に共感を示しつつ、いかに多くの話を引き出せるか。ひらたく言えば、いかに話し手に気持ち良く喋ってもらえるかです。接客型の酒場などでも聞き上手な人ほど人気が出ると言われていますが、それと同じです。

これも既に触れたことですが、話し手に共感を示す方法として有効なのが、相手の言ったことを自分の言葉に置き換えて確認する行為であり、それを繰り返すことです。「○○について、■■だと、おっしゃっているわけですね」と、話し手の話の内容を自分流の表現で言い換える。それは、話し手の話をちゃんと理解していますよというシグナルとなります。ただ「はいはい」と相槌を打っているだけだったり、「へーなるほど」と感心しているばかりだったり、話し手の言葉をそのままオウム返ししているだけでは、話し手は「こいつ、ホントに分かっているのかな」と不信を抱きます。

だからこそ、話のポイント部分ごとに、私はこんなふうに受け取りましたと発信することが大切なのです。その理解が的確であれば、話し手は「分かってくれているな」と感じ、話にさらに興が乗ってくるでしょう。あるいは、たとえ理解が多少ズレてしまっていても、それはそれで、「いや、私の言いたいことは——」と、話し手の説得意欲、間違い訂正意欲を刺激して、より熱心な説明を引き出すことにも繋がります。

いずれにしろ大事なのは、自分の受け取り方を自分の言葉にして表現するという反応を適宜示すことです。

もう一つ、実際の商談の中で大切な言葉があります。それは、商談の進め方についての合意の言葉です。商談の冒頭には「今日はコレコレの目的で打ち合わせの場をいただいていると理解していますが、それでよろしいのですよね」という確認。そして商談が始まってからは、折に触れ、「こんな感じで進めていっていいでしょうか（冒頭の確認から外れていませんよね)」と問うこと。

こちらが勝手に進めているのではなく、お客様と一緒に物事を進めているのだという雰囲気を作り出すことは、顧客理解力、共感性という観点から重要なことです。最初に商談の方向性について合意を取り付けておくことで、この場で一貫性のない言動をしてはビジネスパーソンとして恥だという思いを先方の気持ちの中に湧かせることにもなりますから、結果的に、お客様と営業する側とが、階段を一緒に歩調を合わせ並んで昇っていく商談に仕立て上げることができます。

顧客理解力を高めるためには

では、そういう顧客理解力を養うには何が必要か。ずばり、ロールプレイングです。顧客経営トップと面談している場面を想定して、練習を繰り返す。同僚と共に、一方が顧客役となりシナリオに沿って会話を実際に展開してみる練習。そんなことかと思う人もいるかもしれませんが、実はこれが非常に大事なのです(付録「インサイトセールスの実際」参照)。

反復練習
（重要な動作を無意識にできるようになる）

実践
（視野が広がり応用が利く）

スポーツでも練習を軽視する人は上達しません。特に、同じことを繰り返し行う練習。例えばサッカーでは、一定間隔に立てた何本ものコーンの間を縫うようにジグザグにドリブルする練習があります。これを小学生などにやらせると、最初は全員が下を向いて（足元ばかり見ながら）ドリブルしますが、反復して何回も練習を重ねているうちに、次第に前を見ながらボールを蹴ることができるようになり、やがては周囲を見回しながら、さらには後輩に指示を飛ばしながらプレーできるようにまでなります。反復練習することで余裕を持てるようになり、結果的に視野が広がるのです。

経営トップとの会話でも同じ。発すべき質問の文言や話の流れをロープレで練習しておくことで、自分の側に余裕が生まれ、相手の表情を観察したり、話の展開を予測したりできるようにもなります。

3.プレゼンテーション力

顧客経営者にプレゼンテーションをするシーンは、営業パーソンにとって特に気合が入るシーンです。

論理的にモレのないスライドを作り上げ、何度もリハーサルをして臨む人もいるのではないでしょうか。

しかし、論理的に完璧なプレゼンテーションをしても、顧客経営者からあまり良い反応が得られないことがあります。

その典型的なシナリオは以下のようなものです。

①表紙
②環境整理
③課題整理
④課題解決のソリューション提案（商品／サービス）
⑤見積概算

例えば、飲料会社がファミリーレストランに対して、ディスペンサーを活用したフリードリンクサービスの提案をする場合――

【ソリューション営業のプレゼンテーション】

①表紙

「フリードリンク用ディスペンサー新設による来店客数向上施策のご提案」

②環境整理

当該ファミレスにおける飲料流通量の整理、飲食チェーン店の客層分析、業務効率分析等お客様が置かれている状況や環境を客観的に整理。

③課題整理

家族連れの割合をXX%にしたい、リピート顧客をYY%にしたい等、業務/戦略上のあるべき姿と現状のギャップを洗い出す。さらには今後の課題解決施策の方向性を整理する（例えば、子ども向けメニューの充実とかリピート割引きの実施など）。

④課題解決のソリューション提案（商品/サービス）

お客様が抱えている課題を飲料のディスペンサーで解決するという趣旨の提案をする（例えば、ディスペンサーで子ども向けソフトドリンクをいくつか取り扱うなど）。場合によっては費用対効果の図表を添える。

⑤見積概算

競争力のある条件を提示する。

このプレゼンテーションは典型的な課題解決提案で、ソリューション営業とも言われてきました。構成自体は決して悪くはないのですが、②の環境整理は誰がやっても同じような結果になります。③も提案に先立ってお客様から開示された情報を整理しているだけなので競合との差は付きにくいものです。結果的に④のソリューション提案も、お客様としてはある程度予測できる内容になります。お客様からすると論理的に違和感こそないものの、驚きや感動もありません。

「まあそうなりますよね」

「確かにおっしゃる通りだと思います」

お客様からのこんなセリフを私もイヤというほど聞いてきました。

この状況で競合と差別化をするとしたら、⑤の価格や取引条件で優遇するということになってしまうでしょう。これではせっかくの提案営業も条件競争に陥ってしまいます。

では、どうすればいいのでしょうか。

●ソリューション営業の提案

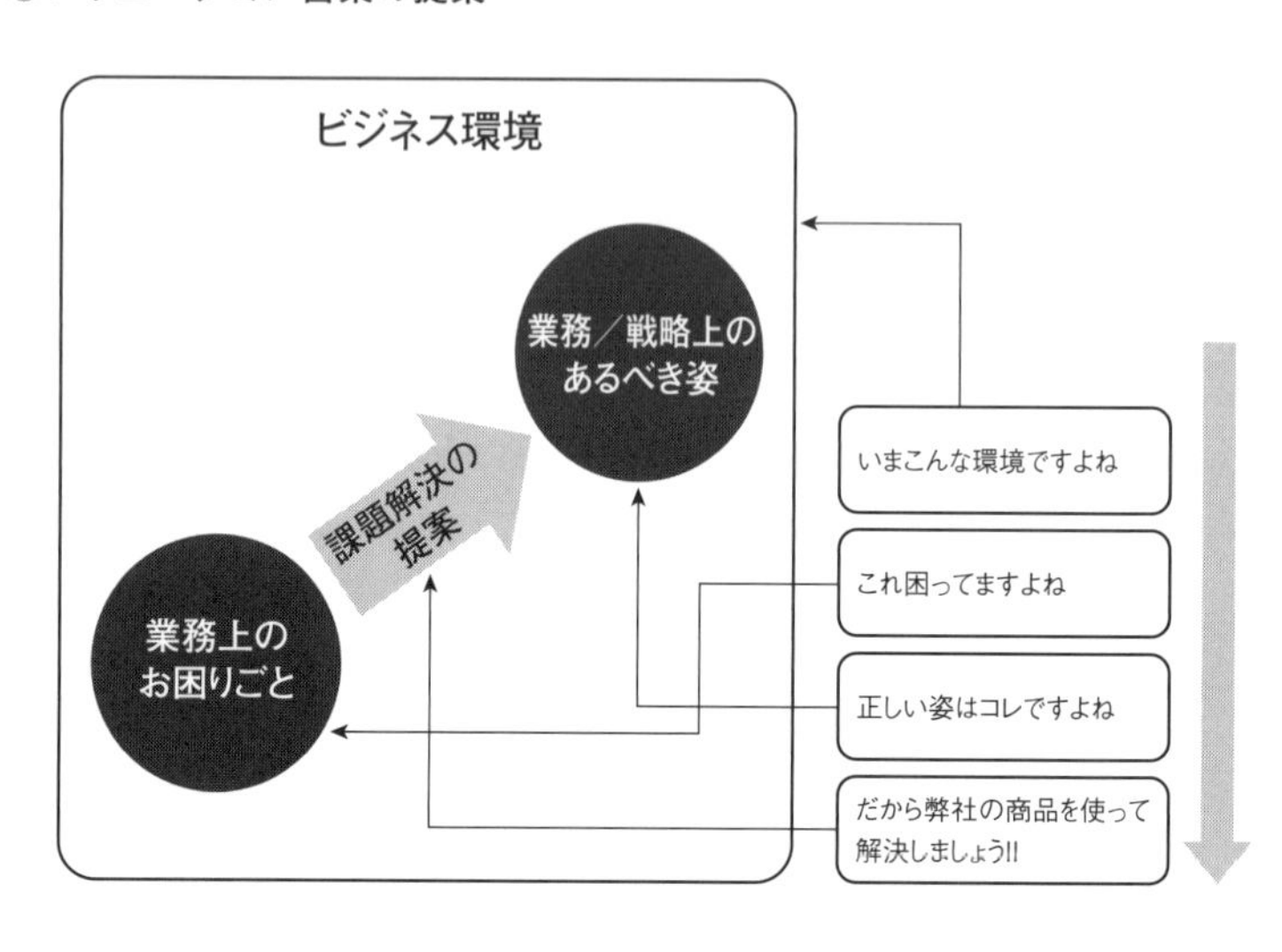

インサイト営業のプレゼンテーションは、少し組み立てが違います。お客様経営者への提案時には、理屈での納得感よりもビジョナリーな共感を重視した構成を重視します。なぜならば顧客経営層は現状の問題解決以上に、中長期のビジョンの実現に強い関心を持っているためです。

私はこのスタイルのプレゼンテーションをビジョナリープレゼンテーションと呼び、以下のような構成を推奨しています。

①表紙
②臨場感の湧くビジョン
③ビジョンを実現したい個人的な理由

④ビジョン実現までの道筋やアイデア
⑤具体的な商品／サービス
⑥見積概算
※③は資料にする必要はありませんが、この提案の肝になります。
例えば、先ほどの飲料会社の例であれば、以下のような構成になります。

【インサイト営業のプレゼンテーション】

①表紙
「子どもたちから『また行きたい』と言われるワクワク型店舗づくりのご提案」

②臨場感の湧くビジョン
子どもがワクワクするようなメニューがいつも満載。選べて、体験できて、美味しいだけでなく楽しめるお店にする。子どもが楽しく過ごすことによって親も笑顔になって、レストランが楽しい家族の食卓になる。この想い出は子どもたちの記憶に残り、

大人になった時に彼らの子どもたちをまた連れてくるようになる。親子三世代でワクワクしながら食事ができるお店を創りあげるという提案。

③ビジョンを実現したい個人的な理由

先日、ファミレスに妻と一緒に五歳の娘を連れて行った時に、メニューを選びながら「パパとママはいいよね」と言われた。理由を尋ねると、大人のメニューは飲み物も食べ物もたくさんあるが、子どものメニューはお子様セット一つだけ。ちっとも面白くないとのこと。特に大人はいろいろなお酒を飲んで楽しそうだが、自分の飲み物はオレンジジュースばかりで飽きたとのこと。言われてみたら自分も幼い頃にそうだった。大人を真似てお酒を飲んでいるふりをしたくてお猪口（ちょこ）にジュースを入れたらこぼしまくってテーブルを汚したことや、ファミレスのお子様ランチに飽きてご飯を残そうとしたら全部食べろと怒られたこと。こんな記憶が蘇（よみがえ）った。その瞬間、子どもが「もう一度行きたい、毎日行きたい」というお店づくりを支援したいという衝動に駆られ、今日の提案を考えてきた。

④ビジョン実現までの道筋やアイデア

ポイントは「作る」「味わう」「競い合う」という三つの体験の演出。

ノンアルコールのカクテル作りによって、子どもたちが大人を疑似体験できるお店を創る。カクテルのメニューと作り方はディスペンサーの横に置いて、小さな子どもでも気軽に作ってさまざまな味を楽しめるようにする。

お店が空く平日午後は子どもたちのカクテル作りコンテストも実施。カクテルの名前も子どもたちがつける。子どもたちは自分オリジナルのカクテルを友達にも見せたくなり、友達同士の家族で誘い合って来店する。

⑤具体的な商品/サービス

二〇種類のソフトドリンクが入っているディスペンサー、ソフトドリンクのカクテルメニューと作り方を各店舗に提供。お店はディスペンサーのスペースを確保するだけ。

⑥見積概算

値引きしない定価を提示。

（市場分析の資料や費用対効果の試算表など論理的裏付けとなる資料は、別途参考資料として出せるようにしておく。）

いかがでしょう。同じ提案であっても聴き手側の印象は全く違うはずです。

まず①の未来志向のタイトルと、②の提案ビジョンは常に未来のことを考えている経営者の心を惹きつけます。

さらに③の個人的な理由/体験談には説得力があり、それ自体で人は心を動かされます。なぜ営業パーソンがそのビジョンを語り出したのかという理由が腑に落ち、熱い気持ちが聴き手に伝わります。

その結果、聴き手は自分もそのビジョンを実現したいと思い始めます。この時点でこのビジョンは誰か一人のビジョンではなくその場の全員のビジョンに変わっていきます。

しかも④ではビジョン実現に向けての現実的なアイデアが提示されるため、「できた

●インサイト営業の提案

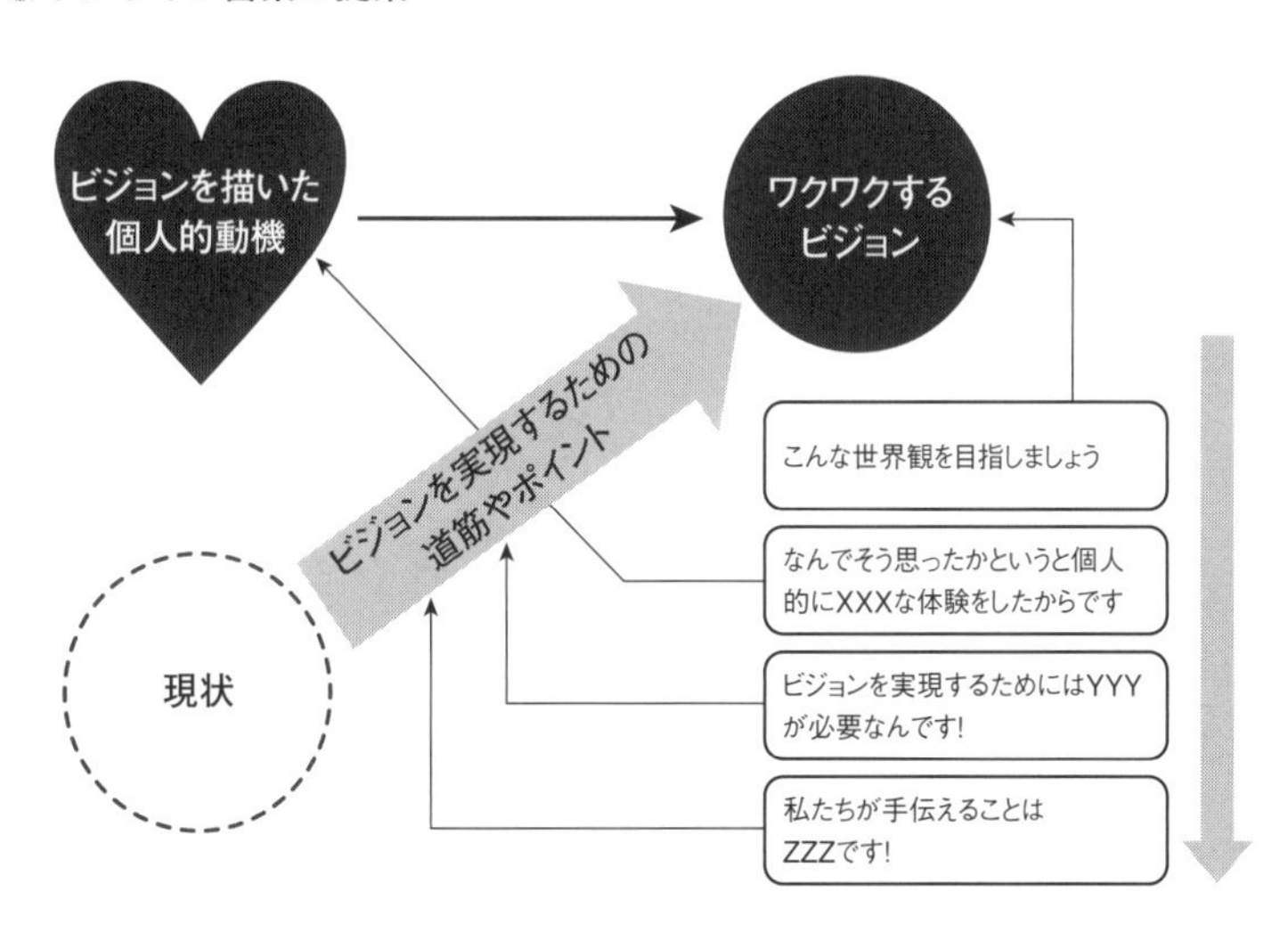

らいいな」という感情が「すぐにでもやりたい」という気持ちに変化し、実現意欲を掻き立てられます。

これが、理屈よりも共感を重視したビジョナリープレゼンテーションの構成です。

営業研修でプレゼンテーションのトレーニングを受けたことがある方は多いと思います。ただ、そのほとんどはソリューション営業のプレゼンテーションの訓練になっています。このスタイルをぜひ営業の引き出しとして加えてみてください。予期せぬ成果が期待できるかもしれません。

4.クロージング力

これはインサイトセールスにかぎらず営業一般に関わる話です。クロージングとは発注の最終的なゴーサインをゲットすることだと考えている営業パーソンが多いと思いますが、必ずしもそれが全てだとは思いません。

クロージングとは意思決定を促す行為。「○」なのか「×」なのか、はっきりさせる行為です。営業パーソンの中には「×」になるのが怖くて「△」の状態のままズルズル引きずる人も少なくありませんが、「×」をもらうこともまたクロージングなのです。

お客様にはA~Cの三種類しかないと私は考えています。A.絶対買うお客様、B.営業次第で買うか買わないか決まるお客様、C.絶対買わないお客様、の三種類です。

Aは、どんな稚拙な営業でも買ってくれるお客様。強烈な互恵関係にあるとか資本関係のある顧客です。Cは真逆で、競合会社と互恵関係にあるか、競合会社の資本下

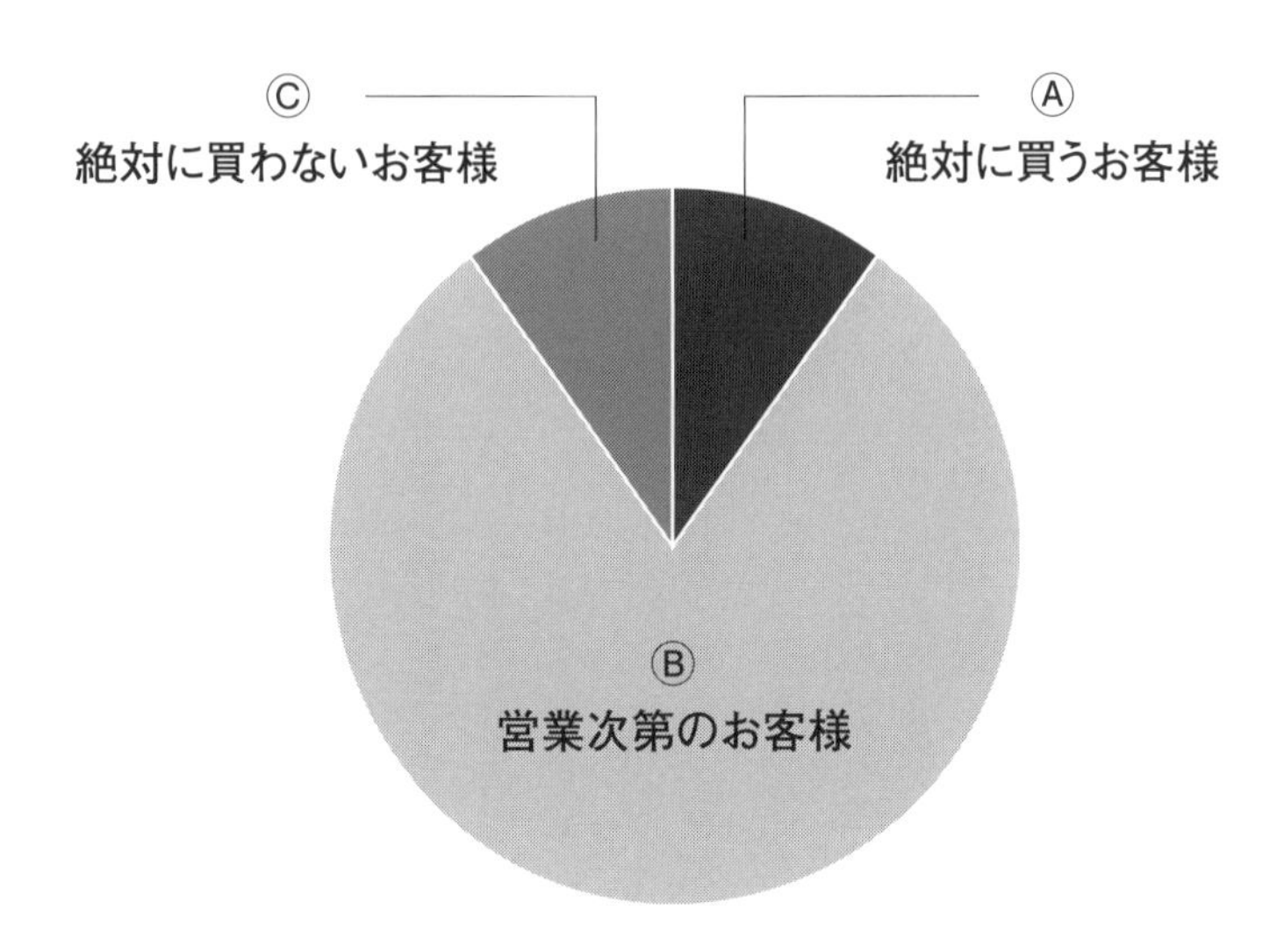

にあるところ。どんな素晴らしい営業を行っても見向きもされない相手。しかし、お客様の大半は、AとCの間に位置するBであり、営業次第で「○」にも「×」にもなるお客様です。このBこそ、営業が積極的に関わるべきターゲット。たとえ「×」であっても某B①社の見極めがつけば、営業エネルギーを他のB②社に注ぎ込めます。

「クロージング」イコール「買ってもらう」ではなく、「×」だという意思決定もまた一つのクロージングであり成果だと思います。クロージングについて、こういう理解も大切でしょう。

クロージングを幅広い意味で捉えると

いう点では、もう一つ強調しておきたいのがプレゼンテーション後の期間の行動。商談でこちらが何か提案し、「では、一カ月以内に回答しますから待ってください」と言われたような場合です。その一カ月間は声を掛けづらいという心理もあり、何のコミュニケーションも取らずにいる営業パーソンが多いもの。その期間、お客様側に何が起きているかも分からず、ブラックボックス状態となります。しかし、その期間こそコミュニケーションを密にすべきです。

そのためには、プレゼンテーションの最後に際し、回答を待つ期間でもコミュニケーションが取れる状態の終わり方にすることが大事。「では、ご回答をいただくまでの期間、何かお役に立てそうな情報があったら、こちらからご連絡してもよろしいですか」と問えば、無下に否定されることもないはずです。

そうなれば声を掛けやすい関係となり、回答を待つ期間、意思決定基準が変わっていないか問い合わせたり、かりに変わったとしたら新基準を前提に再度提案していいか希望を伝えたりもできます。いつでもコミュニケーションが取れる環境を維持し続けることが非常に重要です。提案が終了してから意思決定までの期間をどうお客様と一緒に歩めるか。これもクロージングの一種と言うべきでしょう。

5.アカウントプラン

これは、戦略の構築です。個別のお客様ごとに、さまざまな事柄についてメモした、いわば一種の〝カルテ〟を作れということです。設ける項目は、次のようなもの。
・社名　・社長名　・経営理念やビジョン　・社長メッセージ　・組織図　・経営目標　・事業計画　・経営環境——等々。
これらの項目ごとに、お客様側の情報内容に対応させる形で、自社側の対応の仕方を書き込んでいきます。自社はどういう関わり方ができるか、何を提案するか、想定されるリスク、その予防策——等々です。

この〝カルテ〟を作成し、それを社内で共有し、お客様ごとに個々に作戦プランを練るための資料とせよということ。自社側の誰が、お客様側のどの担当者に、どの時点で、何を伝えるかといった、時系列を含んだ作戦プランを立てるためのもの。

マーケット全体に対する分析や、本章の1〜4で述べてきたような営業一般におけるスキルの育成、ノウハウも大切ですが、やはり最終的には個別の企業ごとの分析・対応策こそ何より重要なのは言うまでもありません。

我が社は、このアカウントプラン用にフォーマットを作成して、相談に来られた企業に提供しています。

ターゲット顧客アカウントプラン

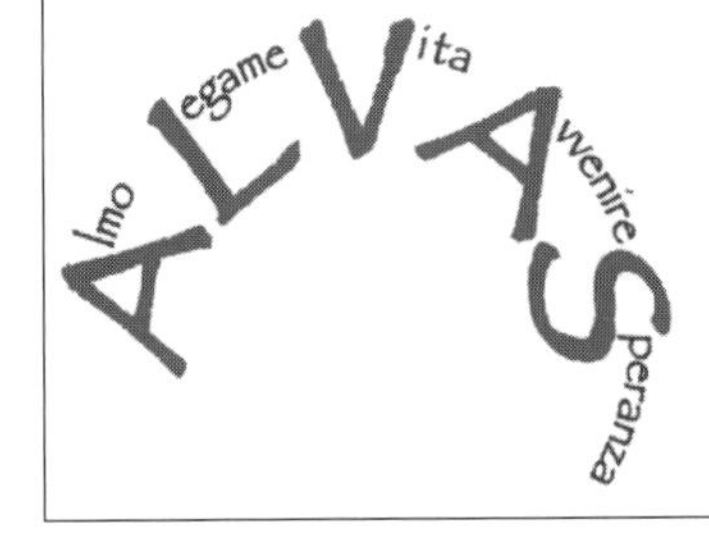

20XX年X月X日
スペランザ株式会社

ALVAS
Almo+Legame+Vita+Awenire+Speranza

会社概要

企業名	スペランザ株式会社
設立年月日	1990年1月
資本金	30億円
代表者	山田　太郎
業種	電気機器
住所	東京都港区高輪XXX-XX　品川XXタワーXX階
売上高	630億70百万円
営業利益	30億50百万円
従業員数	単独:3,210名

POINT
ホームページから読み取れる会社の基本情報を洗い出す

ALVAS
Almo+Legame+Vita+Avvenire+Speranza

業績推移

売上高	630億70百万円
営業利益	30億50百万円
経常利益	33億10百万円
当期純利益	23億40百万円
ROE	8.3%
総資産	500億円
自己資本	275億円
自己資本比率	55%

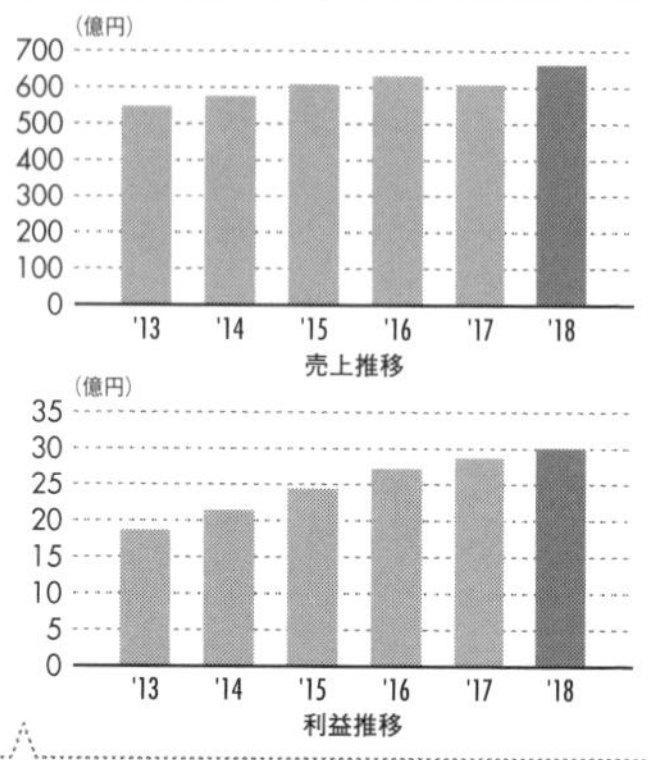

POINT 貸借対照表や損益計算書から読み取れる情報を洗い出す。本業の業績が上昇／下降／横ばいかは押さえる

ALVAS
Almo+Legame+Vita+Avvenire+Speranza

経営理念・ビジョン

■お客様の経営理念

「共創」

人種や文化の違いを問わずすべての人々が情報を共有し新たな文化を生み出すことで働きがいのある社会を創り出します。

環境変化の激しい現代、あらゆる手段でコミュニケーションが取れるようになったことで働き方も多様化しています。

そんな中、私たちは日本をはじめとする世界のあらゆる企業に思考が活性化する環境づくりを実現し、世の中に無くてはならない存在へと邁進していきます。

■お客様の経営ビジョン

「それいいね!」を演出する
情報社会における一人ひとりの考えや想いを尊重し、新たな挑戦への姿勢を貫きます。
世の中の潜在的な悩みをいち早くキャッチアップし、プロダクトで変革を起こします。

■その他行動指針、社長メッセージなど

誠実なビジネスパーソンであり続けるための3つの基本行動
利他主義 自分の利益よりも他社の利益を優先させるという選択肢を持ち続けます。
目的思考 常に目的を考え続け、物事の本質を追求しつづけます。
主体性 お客様の役に立つことを自ら考えて、先回りして提案します。

POINT ホームページに記載されていることだけではなく、実際の経営層のインタビューを通して想いを聴くことで顧客企業の本質がわかる。

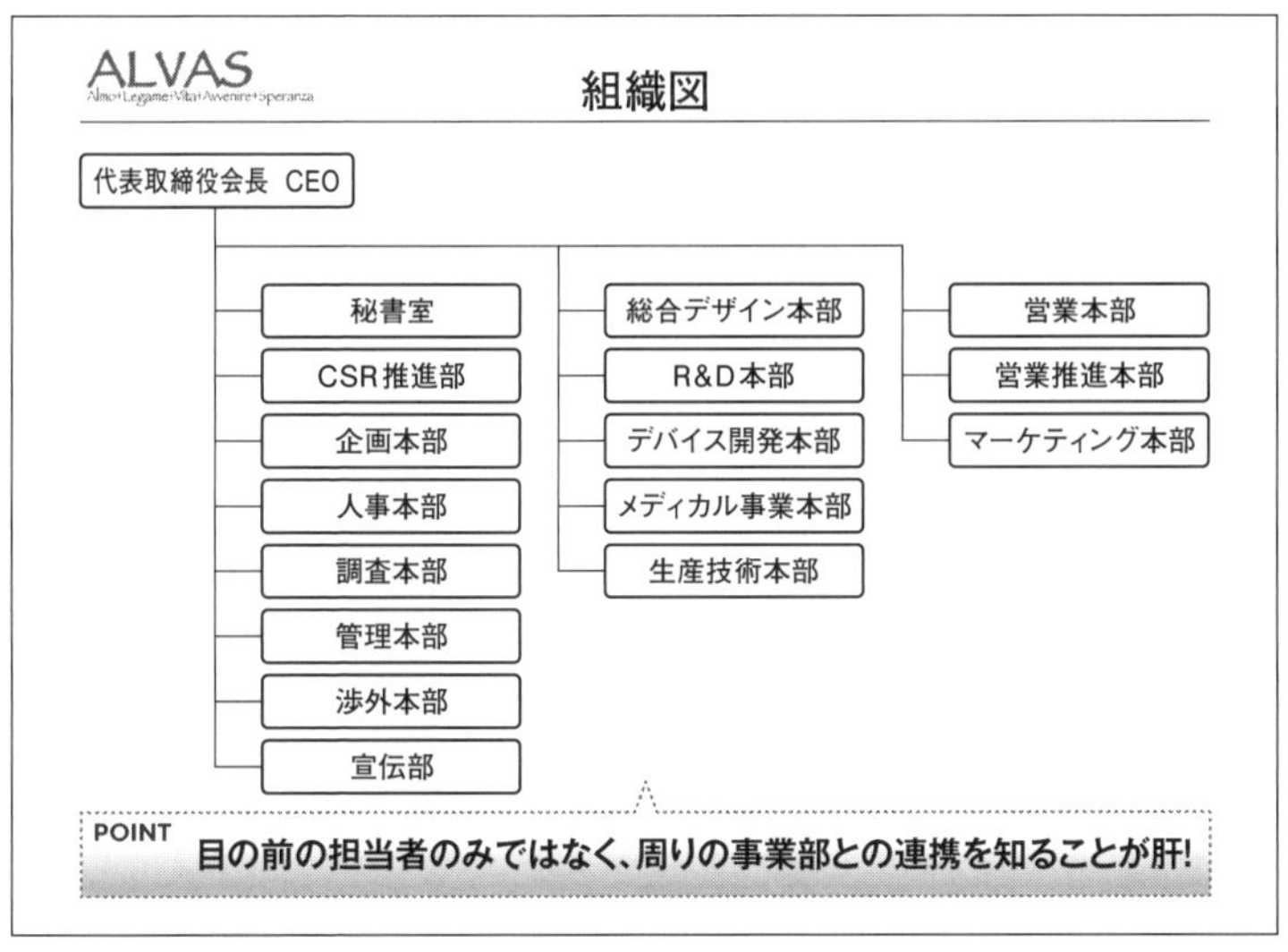
ALVAS
Almo+Legame+Vita+Avvenire+Speranza
組織図
代表取締役会長 CEO
秘書室
CSR推進部
企画本部
人事本部
調査本部
管理本部
渉外本部
宣伝部
総合デザイン本部
R&D本部
デバイス開発本部
メディカル事業本部
生産技術本部
営業本部
営業推進本部
マーケティング本部
POINT
目の前の担当者のみではなく、周りの事業部との連携を知ることが肝!

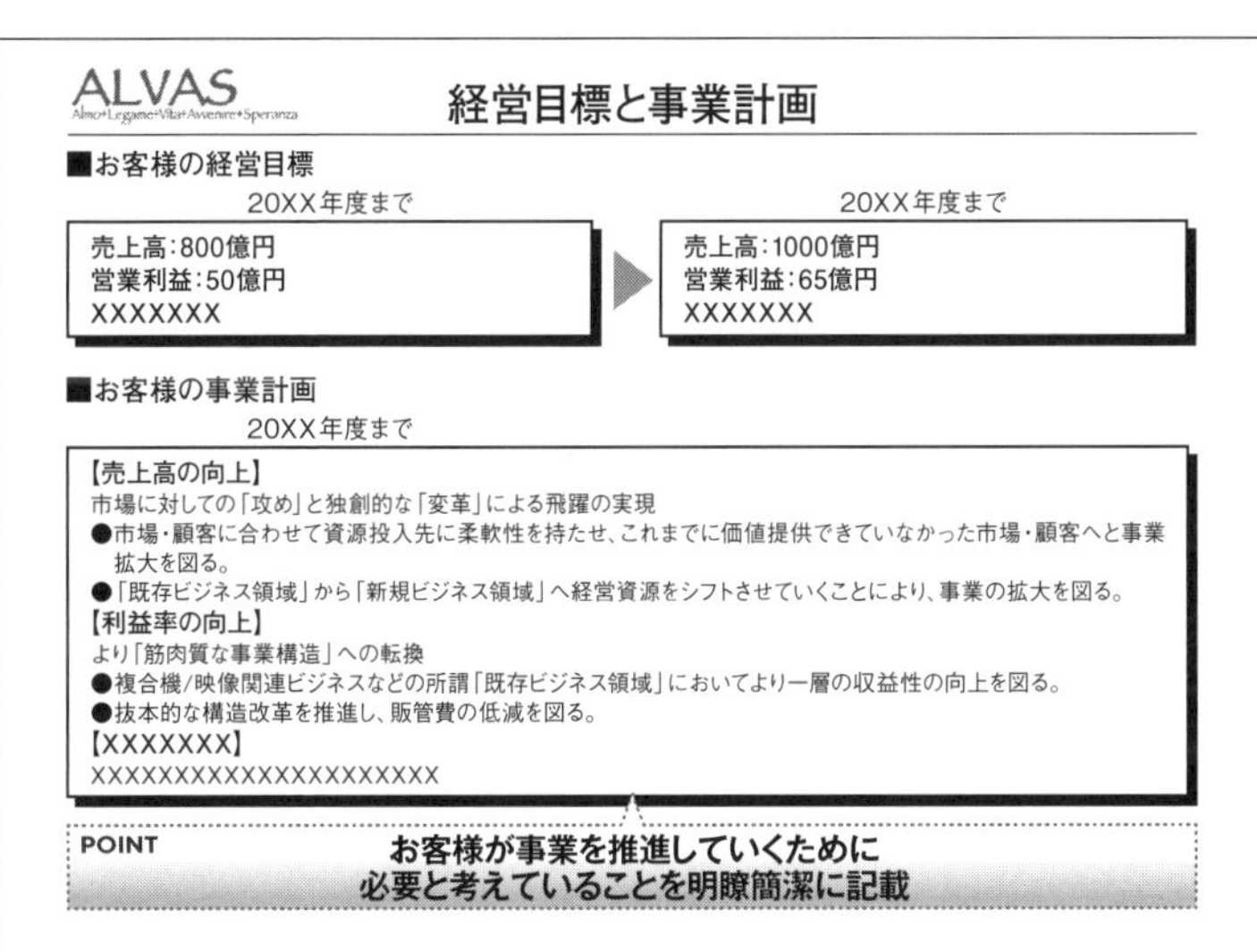
ALVAS
Almo+Legame+Vita+Avvenire+Speranza
経営目標と事業計画
■お客様の経営目標
20XX年度まで
売上高:800億円
営業利益:50億円
XXXXXXX
20XX年度まで
売上高:1000億円
営業利益:65億円
XXXXXXX
■お客様の事業計画
20XX年度まで
【売上高の向上】
市場に対しての「攻め」と独創的な「変革」による飛躍の実現
●市場・顧客に合わせて資源投入先に柔軟性を持たせ、これまでに価値提供できていなかった市場・顧客へと事業拡大を図る。
●「既存ビジネス領域」から「新規ビジネス領域」へ経営資源をシフトさせていくことにより、事業の拡大を図る。
【利益率の向上】
より「筋肉質な事業構造」への転換
●複合機/映像関連ビジネスなどの所謂「既存ビジネス領域」においてより一層の収益性の向上を図る。
●抜本的な構造改革を推進し、販管費の低減を図る。
【XXXXXXX】
XXXXXXXXXXXXXXXXXXXXXX
POINT
お客様が事業を推進していくために
必要と考えていることを明瞭簡潔に記載

経営環境

お客様の顧客の需要
テクノロジーの飛躍的進化が新規ビジネスへの投資およびセキュリティーニーズの拡大につながっている
●飛躍的な技術革新によるIT技術の取り入れ
→様々な業種におけるIoTやロボティクスへの投資
●ビジネスモデルの変革
→AI・3D技術・デジタルマーケティング等を用いた新たなビジネスへの投資

お客様の競争環境
□条件競争の激化
複合機マシン本体及び保守サービスの価格競争/条件競争が更に激化。営業力強化および商品機能強化による差別化を図っているものの価格競争回避には至っていない。結果的に営業利益率は減少。
□代替品の普及が顕著
カートリッジなどのオプション品は国内外の第三者の代替品がシェアを伸ばしている。この傾向が続くと純正品の収益の圧迫要因となる。

お客様内の職場環境
従業員満足度調査を実施した結果、「教育」に対する満足度が最も低かったとのこと。
年齢別では45歳以上の営業担当者のモチベーション向上が課題。
働き方改革によって17:30に退社する機会が増えたが、実質業務は片付いていない。
マネージャー層は旧来型の上意下達スタイル。その結果、統制はとれている一方でメンバーからの新しいアイデアや主体的な創意工夫が出てくるケースは希。

POINT
例えば3Cなどのフレームでお客様を取り巻く社内外の環境変化を端的に記載

ALVAS
Almo+Legame+Vita+Avvenire+Speranza

経営課題（事業推進上の課題）

複合機や複写機、レーザープリンターなどの事務機市場では、近年、顧客のコスト削減や環境保護の観点から、オフィスでのプリント環境の最適化を目指したマネージドプリントサービスの導入が進められている。それによって事務機のプリント枚数が減少していく可能性がある。また、オフィスにおけるワークフローのデジタル化が進むことで、顧客のプリント機会の減少をもたらす可能性がある。こうした市場動向に対応した製品やサービスを当社が提供できない場合、経営に悪影響を及ぼす可能性がある。

スマートフォン市場が急激に伸びている。スマートフォンに搭載されたカメラで写真を撮影しSNS（ソーシャル・ネットワーキング・サービス）などにその場で共有することができ人々の写真にまつわる行動を激変させている。今後スマートフォンカメラと比較して、デジタルカメラの優位性を訴求できない場合、デジタルカメラの地位が相対的に低下し、結果として当社の経営に悪影響を及ぼす可能性がある。

販売する大手ディーラーとの関係に支障が生じた場合や競合他社による買収が行われた場合に、販売計画の達成等に影響を与える可能性がある。さらに、インターネットビジネスの急速な普及により、従来の流通プロセスが通用しなくなる可能性があり、このような環境の変化は、経営に悪影響を及ぼす可能性がある。

POINT
有価証券報告書の「経営課題」、自分で行ったインタビュー結果などを記載

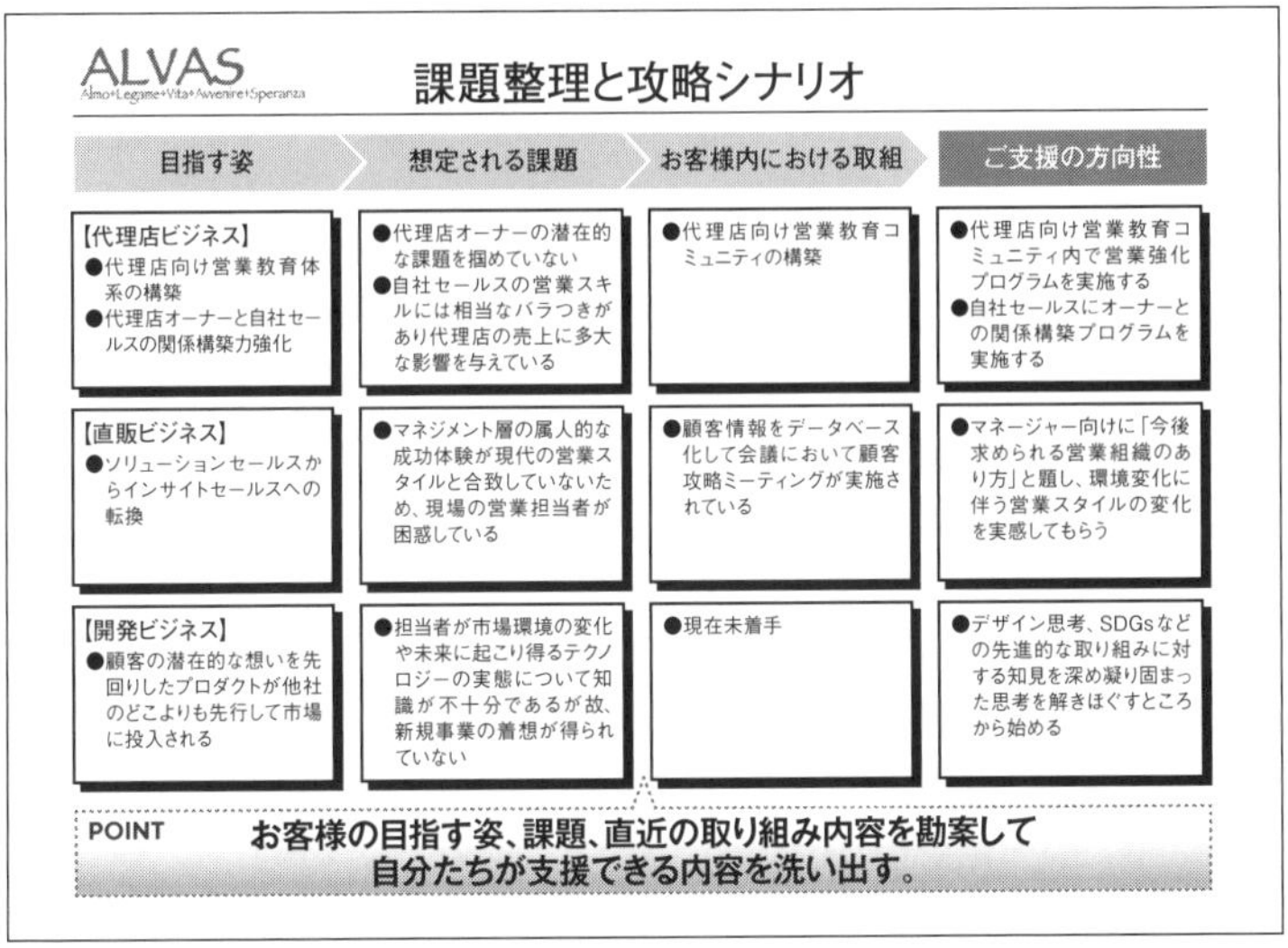

ALVAS
Almo+Legame+Vita+Avvenire+Speranza

課題整理と攻略シナリオ

目指す姿	想定される課題	お客様内における取組	ご支援の方向性
【代理店ビジネス】 ●代理店向け営業教育体系の構築 ●代理店オーナーと自社セールスの関係構築力強化	●代理店オーナーの潜在的な課題を掴めていない ●自社セールスの営業スキルには相当なバラつきがあり代理店の売上に多大な影響を与えている	●代理店向け営業教育コミュニティの構築	●代理店向け営業教育コミュニティ内で営業強化プログラムを実施する ●自社セールスにオーナーとの関係構築プログラムを実施する
【直販ビジネス】 ●ソリューションセールスからインサイトセールスへの転換	●マネジメント層の属人的な成功体験が現代の営業スタイルと合致していないため、現場の営業担当者が困惑している	●顧客情報をデータベース化して会議において顧客攻略ミーティングが実施されている	●マネージャー向けに「今後求められる営業組織のあり方」と題し、環境変化に伴う営業スタイルの変化を実感してもらう
【開発ビジネス】 ●顧客の潜在的な想いを先回りしたプロダクトが他社のどこよりも先行して市場に投入される	●担当者が市場環境の変化や未来に起こり得るテクノロジーの実態について知識が不十分であるが故、新規事業の着想が得られていない	●現在未着手	●デザイン思考、SDGsなどの先進的な取り組みに対する知見を深め凝り固まった思考を解きほぐすところから始める

POINT
お客様の目指す姿、課題、直近の取り組み内容を勘案して自分たちが支援できる内容を洗い出す。

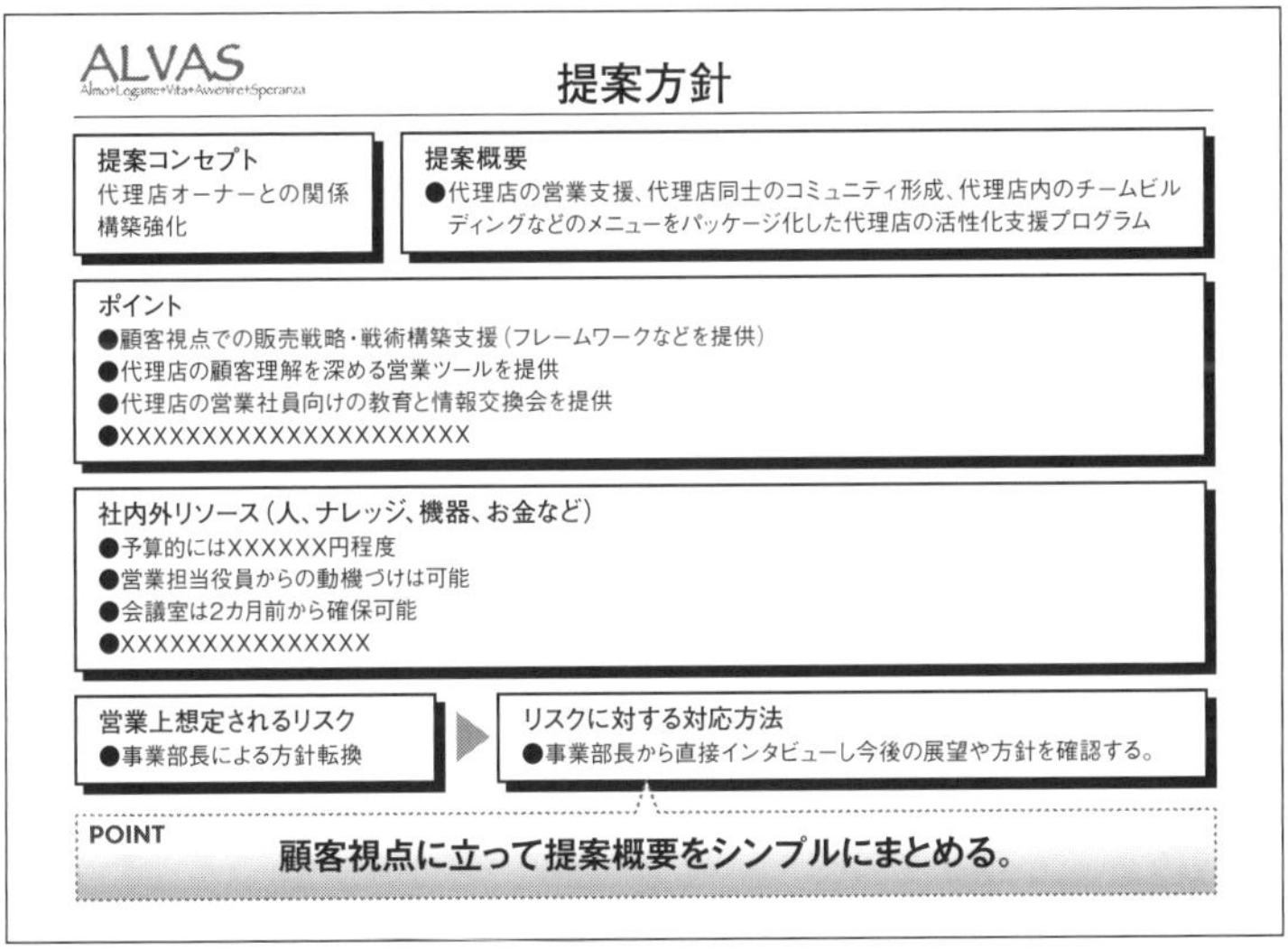

ALVAS
Almo+Legame+Vita+Avvenire+Speranza

提案方針

提案コンセプト
代理店オーナーとの関係構築強化

提案概要
●代理店の営業支援、代理店同士のコミュニティ形成、代理店内のチームビルディングなどのメニューをパッケージ化した代理店の活性化支援プログラム

ポイント
●顧客視点での販売戦略・戦術構築支援(フレームワークなどを提供)
●代理店の顧客理解を深める営業ツールを提供
●代理店の営業社員向けの教育と情報交換会を提供
●XXXXXXXXXXXXXXXXXXXXX

社内外リソース(人、ナレッジ、機器、お金など)
●予算的にはXXXXXX円程度
●営業担当役員からの動機づけは可能
●会議室は2カ月前から確保可能
●XXXXXXXXXXXXXXX

営業上想定されるリスク
●事業部長による方針転換

リスクに対する対応方法
●事業部長から直接インタビューし今後の展望や方針を確認する。

POINT
顧客視点に立って提案概要をシンプルにまとめる。

ALVAS
Alma+Legame+Vita+Avvenire+Speranza

案件状況

案件名	概要	売上	時期	確度
案件A	XXXXXXXXX研修	XXXXX円	20XX年X月~X月	80%
案件B	XXXXXXXXX研修	XXXXX円	20XX年X月~X月	60%
案件C	XXXXXXXXX研修	XXXXX円	20XX年X月~X月	40%
案件D	XXXXXXXXX研修	XXXXX円	20XX年X月~X月	40%
合計		XXXXX円		

POINT

複数案件を並行して提案している場合は一覧化する

6．人脈形成力

営業における人脈形成では、二つの大事なポイントがあります。1．培った人脈を維持すること、2．正しく紹介されること、です。

例えば、営業のXさんが友人のYさんの紹介で、全く面識のなかったA社を訪ねたケース。

ほとんどの営業パーソンは、この時頭の中はA社をいかに攻略するかで一杯。新しい顧客として、なんとか受注を取りたいとA社にばかり目が向きがちです。しかし、ここで本来最も大事にしなければならないのはYさんのほうです。なぜなら紹介してくれた恩人なのですから。

その気持ちを表すのに必要な行動は、訪問の状況、結果をYさんにきちんと報告することです。最初に報告すべきタイミングは、初回にA社を訪問して外に出た一分後

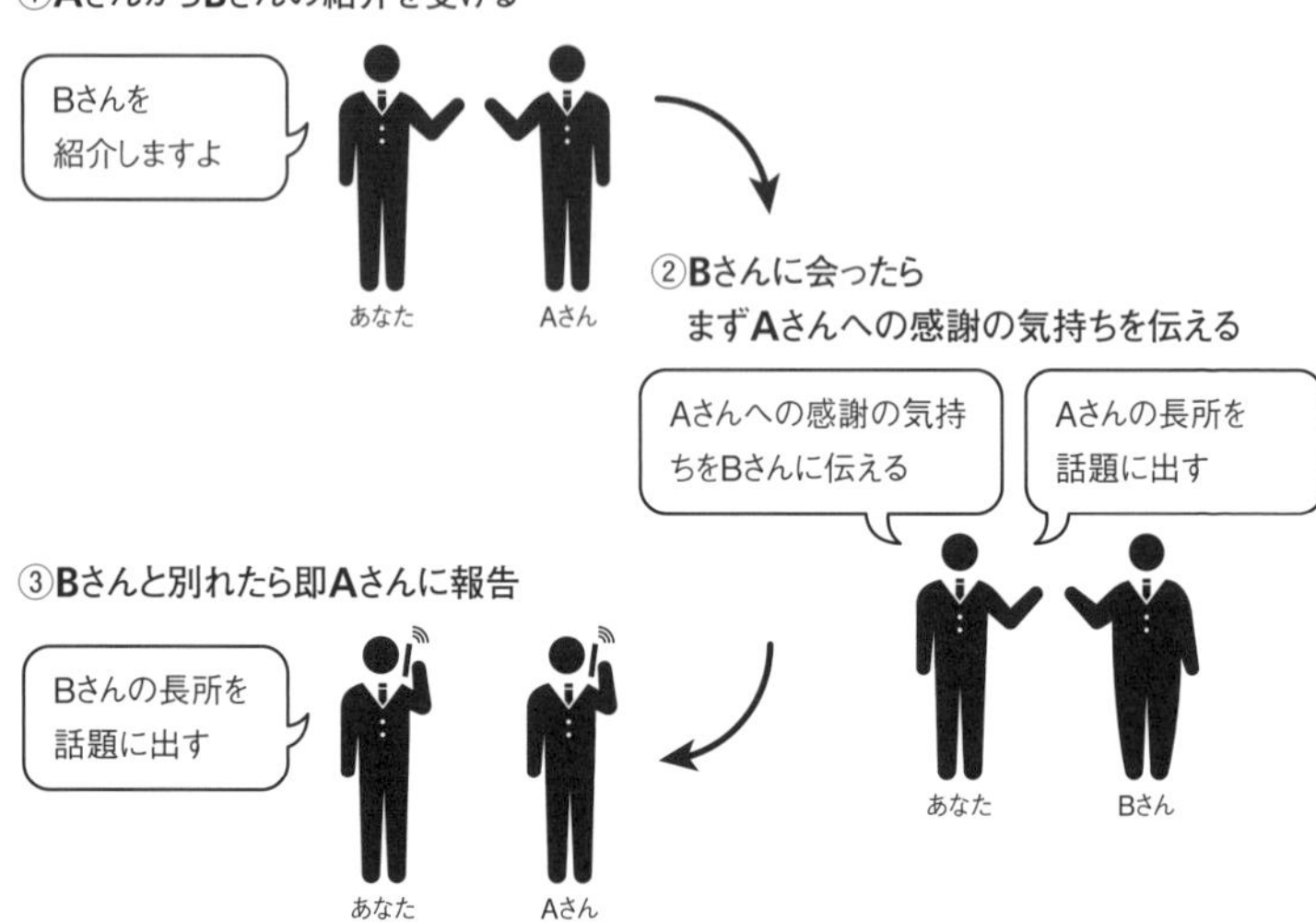

だと、私は考えています。玄関口報告です。その後も、A社との関係の中で起こったことを、その都度、Yさんが「もういいよ」と言うぐらい丁寧に報告し続けること。感謝の思いをきちんと伝えておけば、さらに別の会社を紹介してくれたり、何かと自分の営業活動を助けてくれるなど次に繋がることもあるかもしれません。逆に、紹介したのに事後報告がなければ、紹介したほうは気分が良くはないでしょう。

次の問題は、紹介されて会ったA社の担当者とは何を話すべきか。初回の訪問で最初に話題にすべきテーマは、Yさんについてです。Yさんの美点を雄弁に語り、おかげで私も御社との縁をいただけたと強調すること。一方、商談直後のYさんへの玄関口報告では、A社担当者のいいところをおおいに語る。「素晴らしい会社を紹介してくださいまして、ありがとうございました。とても柔軟な素晴らしい方で、おかげさまで、こちらが提供させていただいた情報を全面的に受けとめてくださいました」などと。

もともとYさんとA社担当者は知り合いなのですから、いずれどこかで会って営業パーソンXさんについて話題にすることもあるでしょう。その時にどういう会話になるか、容易に想像できるのではないでしょうか。培った人脈を大切にし、以後も正しい紹介が新たに展開されていくよう努めるのは大事なことです。

7．調整力

育てたい七番目の力は調整力です。章題の「六プラス一」の「一」です。この調整力は、いざインサイトセールスを実行しようと思った時、まず最初に実際求められるもの。そこで、あえて前記までの六に、別格でプラス一としておきました。

既に述べてきたように、インサイトセールスではお客様側の経営トップとの面談が必要。しかし、何千人、何万人規模の大手企業のトップに、一営業パーソンがアポイントメントを取り付け面談を実施するのは、現実的にはかなり難しいと言わなければなりません。

その難題を乗り越えるには、自社側の組織的な取り組みが大事になってきます。だからこその調整力なのです。社内調整する力です。

我が社が行ったアンケート調査があります。従業員一〇〇〇名超、売上高一〇〇億

●営業担当者が感じている大規模商談における課題
N=210　2018年株式会社アルヴァスデザイン調査

順位	課題	割合
1	アカウントプラン(攻略戦略)づくり	54.5%
2	自社内における意見調整や合意形成	52.9%
3	顧客課題把握	48.5%
4	自社・顧客間における上位者同士の関係構築	33.3%
5	キーパーソンへのアプローチ	33.3%

円超の企業を担当している営業パーソンを対象とした調査です。質問内容は「あなたが大規模商談で難しいと感じている課題」。

その結果、なんと「自社内における意見調整や合意形成」が二位に（52・9%）。当然上位に来ると予想された「顧客課題把握」や「ニーズに対する的確な提案」等を押しのけての二位でした。社内調整は営業現場の人々にとっては切実な問題なのです。この課題に向き合うには、周囲の関係者を巻き込んでいく力が求められます。

それがすなわち調整力ですが、では「調整力」とは具体的には何なのか。『人を動かす調整力』（芝本秀徳・著　日経BP社）という書物には、「影響力×合意形成力」という表現が出てきますが、私もこの定義を基に考えてみたいと思います。

信念がもたらす「影響力」、感情を動かす「合意形成力」

そこで、「調整力＝影響力×合意形成力」のうち、「影響力」から。

社内ポスト・役職権限がなくても、周囲にまで及ぶ力を発揮しつつ仕事を進められる人材――人事部門の担当者に「今、求める人材」を尋ねると、こういう回答が多く返ってくる時代です。昔と異なりポストの数にかぎりがある現代ならではのこと。インサイトセールスで大切な組織営業で必要なのも、そのような役職権限は低くても影響力のある「組織を巻き込む営業パーソン」です。

そして、周囲に影響を与える人材となるのに重要なのは、信念を持つことだと私は感じています。何を目指しているのか、何を実現したいと考えているのか、自分自身の思いが強ければ強いほど周囲に対する影響力も強くなっていくと思われます。

次に、「合意形成力」。これは論理的説得力と解釈されがちですが、それ以上に無視

●影響力

法則1　相手が味方になると考える
法則2　目標を明確にする
法則3　相手の状況を理解する
法則4　相手にとっての価値を見つける
法則5　関係に配慮する
法則6　目的を見失わない

*コーエン／ブラッドフォード共著『影響力の法則』(税務経理協会)を基に作成

できないのが、実は感情です。誰でも、「理屈では分かるけど、なんだか今は賛成したくない気分」ということを経験しているのではないでしょうか。本当の合意を得て積極的な共同行動を引き出すには、論理的説得だけでなく、相手の感情面にも配慮するプロセスが必要です。

例えば、私自身、社内七部門全部の合意のもとに一つのプランを進めるという役割を担ったことがありますが、その時こんなことがありました。七部門中、六部門の部長さんとは直接会ってプランの趣旨を伝えたり部長の考えを伺うことができ、賛同も得ました。しかし、ある一部門だけ先方の急用発生で面談がキャン

●合意形成力

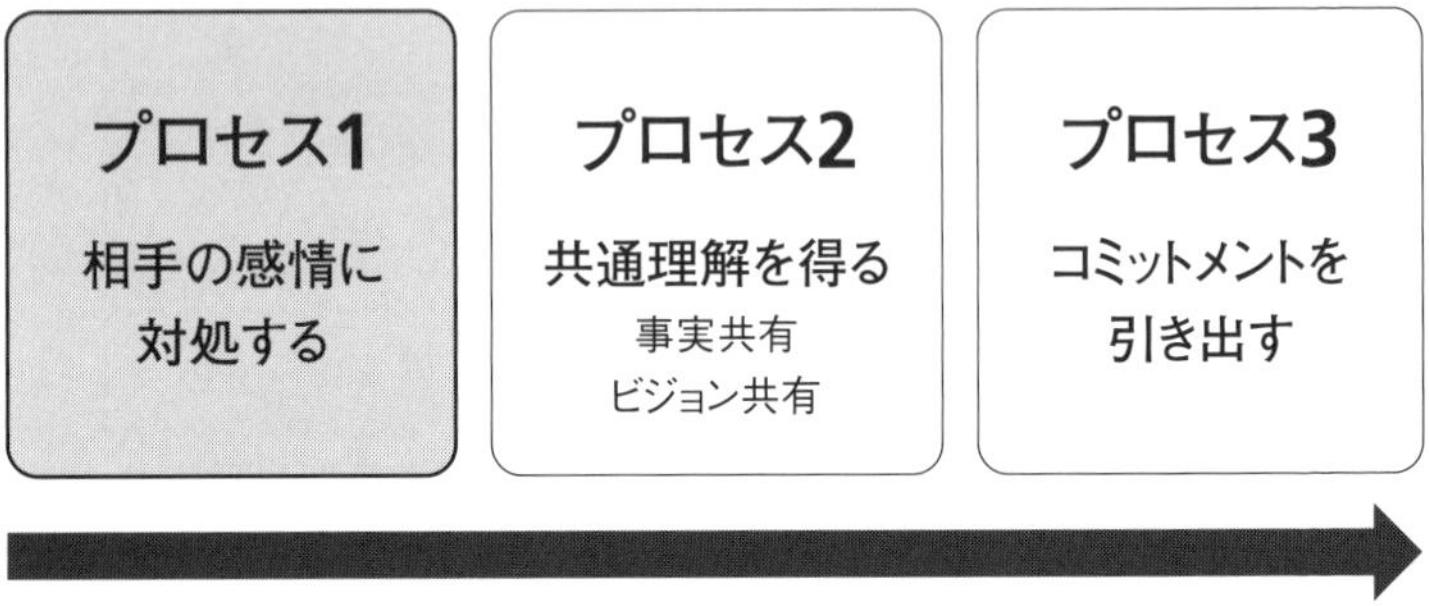

プロセス1	プロセス2	プロセス3
相手の感情に対処する	共通理解を得る 事実共有 ビジョン共有	コミットメントを引き出す

＊芝本秀徳著『人を動かす調査力』（日経BP社）を基に作成

セルされてしまい、そのまま再度のアポを取れぬまま七部長が加わった経営会議が開催され、そこで賛否が問われることとなりました。その結果、私が提示したプランは否決。一人の反対者が出て全会一致の条件を満たせなかったからです。

反対したのは、事前に会えなかったキャンセル部長でした。が、その後に同部長と話をする機会が持て、じっくり話し合ったところ、プラン自体には特に反対ではないことが分かり、さらに互いに目指すところを論じ合うなかでおおいに賛同を得ることもできました。結果的には次の経営会議で可決。人を動かすには、理屈の部分以上に、いかに感情を動かす

●意思決定に対するコミットメントレベル

レベル5の状態には理屈面のみの納得感だけでは到達しない。感情面での納得感を高める関わり方が重要である。

感情で動く範囲（レベル5〜レベル1）
論理で動く範囲（レベル4〜レベル2）

コミットメントレベル	状態	内容
レベル5	コミットする	良い決定だと信じており、自分自身の決定であるとみなす。それを効果的に実行するのに必要なことは何でもする。
レベル4	支持する	決定を支持する。それを実行するために必要なことは自分の役割の範囲内でみずからする。
レベル3	服従する	決定を受け入れるが良い決定だとは思っていない。正式に要求されたことは自分の役割の範囲内でする。
レベル2	服従しない	決定を支持しない。自分の役割の範囲内でするように正式に要求されてもやらない。
レベル1	抵抗する	進んで決定を台無しにしようとする。

＊ロジャー・シュワーツ著『ファシリテーター完全教本』（日本経済新聞社）を基に作成

ことが大事かという事例です。しかも、感情を動かすには、直接顔を合わせることが大事だということです。

納得には理屈面での納得感と感情面での納得感とがあります。ロジャー・シュワーツ（『ファシリテーター完全教本』著者）の分析を基に、納得感の違いが決定への参画度合い、行動にどういう差をもたらすか（意思決定に対するコミットメントレベル）を描き出してみると次のようになります。理屈面で納得した場合は、他者の提案や組織の決定を支持はしますが、それを実行するのに必要な事柄は自分の役割の範囲内で自分が行うというコミットの仕方に留まる。それに対して、感情面での納得感を得た場合は、提案・決定を自分自身で行ったものと同一視し、必要なことはみずから何でもするようになります。

周囲を巻き込んで何かを成し遂げるには、いかに感情面での納得感ももってもらうことが大切かということです。

成果を高めるにはチーム力が不可欠

営業というのは、本来チームで動かなければいけないのに、現実の企業社会ではややもすると社内でも勝ち負けの世界になりがちです。組織営業ならなおさらチーム力が必要なのに、敵味方になってしまうことも少なくありません。解決策は、とにかく顔を合わせて感情を動かすことです。何を成し遂げたいか目標を共有すること。目標から逆算してやることを決め、目的を見失わず、仲間の状況に配慮し、仲間にとっての価値を見出し、味方になってくれると考えて大切にすること。

営業マネージャーのなかには競い合いが大事だと考える人は現にいます。しかし、私は成果を高めるには競い合いだけではなく、個人の強みをいかんなく発揮させつつチ

●インサイト営業実施に際しての3つのポイント

ターゲット選定

企業を選ぶ、人を選ぶ……

お客様からの徹底傾聴

経営理念、ビジョン、環境変化……

お客様の理念実現への先回り提案

理念実現、将来の機会獲得、リスク回避……

ーム力をどう伸ばすかが欠かせない要素だと考えています。

最近よくあるのが次のような目標管理です。まず会社目標という数字があって、それが各部門に部門目標として割り振られ、さらに所属目標、個人目標へとどんどん下りてくるという構図。各段階で直属の上司が業績達成度を厳しく管理して、アメとムチの人事評価で尻を叩く。大手組織となればなるほど、こういう方式を取らざるを得ないでしょうが、ここには欠如したものが二つあります。一人ひとりの強みを伸ばすという考え方と、チームワークを生み出すのが大事だという考え方です。

インサイトセールスを組織で行おうとする場合、営業マネージャーの立場にある人は、単に会社の定めた目標管理に従うだけではなく、この二点を十分に加味することが必要です。

インサイトセールスでは個々人の思い、自分の強みでお客様の役に立ちたいという気持ちを感じ取ってもらうことが大切で、営業パーソン一人ひとりの力が大切です。一方で、営業という仕事を（外部委託せず）会社という一つの組織で行うのは、一人では成し遂げられないことをやるためです。そのことも忘れてはならないと思います。

インサイト営業は人生を豊かにする

私の周囲にはリクルート社出身の方が多く、私が尊敬するかつての上司もリクルート社の営業パーソンでした。私見ではありますが、この会社の出身者はビジネスパーソンとして優秀な方が多い気がします。

その理由の一つは、インサイト営業の原形のようなことを新入社員の時から励行するリクルート社の社風にあるのではないかと感じています。かつての上司やリクルートOBから聞いた話では、リクルートという会社は顧客経営者との対話をとても重要視する会社とのことです。経営者以外とは話をしてはいけないという（やや極端とも思える）指示を出しているマネージャーもいるという話も聞いたことがあります。

経営者は一〇〇人いれば一〇〇通りの価値観があり、一〇〇通りのビジョンを持っています。若いうちから経営者を相手に営業活動を行い、数多くの経営者から話を聞くことでさまざまな価値観／ビジョンに触れることができます。やがて、いろいろなものの見方を覚えます。この経験が視野の広さと多面性を培うのではないかと思います。

こう考えると、インサイト営業は単なるスキルではなく、個々人のキャリア開発を促進することにも繋がるはずです。

自分の貢献領域が広がると仕事が楽しくなります。仕事が楽しくなると人生も楽しくなります。インサイト営業はその人の人生をも豊かにする、そんな営業スタイルなのかもしれません。

最後に、ひとこと。本書は、なぜインサイトセールスが必要か、インサイトセールスとは何かを語り、それを実践するにはどうすればいいかを伝えてきました。

そのインサイトセールスは、営業パーソンが今日の条件競争から抜け出す鍵であり、同時に、ＡＩ時代に生き残る道でもあります。そして、インサイトセールスに必要な、この章で挙げたさまざまな力を育てることは、営業パーソンにとって大切な成長、自己開発にも繋がるでしょう。

ただ、私は人間関係を築いて泥臭く受注にもっていく従来型の営業も、決して否定するつもりはありません。それで受注獲得できるなら、むしろ素晴らしいと思います。しかし、その営業スタイルだけでは成果が上がらない時代となっているのも確かです。

そこで、「もう一つ引き出しを増やしませんか?」と、私は本書で提案しているのです。従来型の営業スタイルを捨てて「変わる」のではなく、インサイトセールスという「もう一つの新しい引き出し」を増やしませんか、と。

付録
インサイトセールスの実際

経営トップとの面談例。ロールプレイング用。
想定：顧客＝大手ＯＡ機器メーカー（全国に三〇〇超の販売拠点）の営業本部長Ｘ
Ｙ氏を相手に、営業パーソンが面談。

過去を聞く――水を向ける

――今日はお時間をいただきまして、ありがとうございます。

XY　いいえ、とんでもないです。こちらこそありがとうございます。

――お忙しい中、本当に感謝しています。ありがとうございます。

XY　いえいえ、とんでもないです。

――XYさん、役員になられて二年目と伺いましたが。

XY　はい、そうですね。ちょうど二年ぐらいですね。

――もともとは何をされていたのですか。

XY　この会社に入る前ということですよね。

――ええ、転職されたと伺っておりますので。

XY　この会社での営業も長いのですが、そのもっと前は――私、千葉出身なんですけど、千葉で父が運営していた八百屋ですね。商店を手伝っていたことがそもそもの始まりなんですよ。

――八百屋さんだったんですね。

XY はい。

――だいぶ畑違いですね。

XY ですね、今思えば、なぜこんなところに来ちゃったのかと思いますけど。

――では、もともとは地元でご親族のお手伝いのような感じで働かれていたということですか。

XY そうですね、大学の時も手伝っていましたし、大学卒業してからもしばらくはですね。

――では、その後に何かきっかけがあって今の会社に入られたということですね。

XY そうですね。大学を出てから最初その八百屋で五〜六年正式に働いていたのですけど、その時に、地方で八百屋をやっていると、大手のスーパーマーケットがどんどん進出してきて、結構苦しい状況になったのです。もともと八百屋は小規模な仕事なのでなかなか情報が入ってこなくて、そういう情報を全国に届けられるようなでっかい仕事をしたいと思い始めたんです。それで、全国に拠点がある会社に勤めてみたいと思ったのがきっかけですかね。

――そうだったんですね。

XY　はい。

――個人の事業主というものに対しての限界を感じたということなんですか。

XY　そうですね、大手がどんどん来る中で、なかなかこれじゃあ太刀打ちできないなっていう気持ちと、小さい会社は小さいなりのいいところをそれぞれ何か持ってるという気持ちも。

――ええ。

XY　そういう人たちの役にも立ちたいという気持ちがふつふつと湧いてきまして、やるなら今じゃないかなということで。

――それって何歳ぐらいの時なんですか。

XY　二七歳ちょうどになる時ですかね。

――では、地元のお手伝いをされてから五年ぐらいですね。

XY　そうですね。

――大手の会社に入り地域のお手伝いをしたいと思われたんですね。

XY　そうですね。

――それで今の会社に入られたということでしょうか。

XY　そうです、はい。

――そうですか、そこへは営業職で入られたのですか。

XY　そうです。希望通り営業で入りました。

経営者の価値観を探る

――それはどのような営業ですか。地域といいますか、やはり個店を回るような営業活動ですか。

ＸＹ　そうですね。私はもともと中小企業相手の仕事をしてみたいという思いがあったので、地場に根ざした営業所にしてくださいということで、いろいろな所を回りましたね、全国を転勤して。もちろん千葉も行きましたし、神奈川も。いろんな所に行きましたが、だいたい中小企業相手に営業をしていましたね。

――そうですか。その頃大切にされていたことは、地域の一社一社との関係構築なのでしょうか。

ＸＹ　そうですね、そういった関係構築と、あとは弊社は全国に情報を持っている会社ですから、情報を小さい所に届けたいという思いは常にありました。全国ではこういうのがトレンドですよとか、販売だけではなく情報提供というのですかね、それは結構心がけてやってきましたね。

――そうなのですね。その頃の経験というのは、今でも生きているものですか。

ＸＹ　そうですね。

――御社の営業の方々を見ていると、前向きな方が多いような。

ＸＹ　ありがとうございます。

――そんな印象を受けたのですけれども、そのへんはＸＹさんの影響もきっとあるのではと思いまして。

ＸＹ　ありがとうございます、そうですね、一人ひとり自分の思いを持って営業をしろということは常々言っているんですよ、私。

――思いを持つ？

ＸＹ　はい。営業は数字だけで管理できてしまう世界だと思う一方で、一人ひとりの思いがないと、そういったことはお客さんの前で出てしまうと思うのです。

――人間の本質みたいなものが見えてしまうことがあるのではないかということですか。

XY　「売りたい売りたい」だけの営業に対しては、「それって営業なの？」という思いを自分は持っているので。例えば自分の場合は、中小企業を元気にしたいという思いでやってきました。それぞれ別の考えがあっていいとは思いますが、一人ひとりそういう思いを大事にしようとは常々言っていますね。

――そうなのですね。朝礼などの場で、そういったことはアナウンスされたりするのでしょうか。

XY　はい。朝礼もそうですし、半期に一回、できるだけ大勢集めて話をしたり、また私は全国を飛び回っていますので、現場を見たり話を聞いたりする機会に伝えています。

現状を称賛

――そうすると、今ではそうしたXYさんのお考えは、完璧に浸透しきったという感じですね。

XY　全然そんなことないですよ。

――そうなのですか。

XY　はい。

――皆さん既にそういうDNA的なものは持っているようにも感じるのですが、XYさんから見ればまだまだだという感じですか。

XY　まだまだですね正直。

――そうですか。どのへんがまだまだなのですか。はたから見ると完璧にできているみたいですけど。

XY　いやいや、とんでもないです。思いを持って働いている人はいるとは思いますし、もちろん増えてきたなっていう実感はあるんですが、本当にそれが強い熱意であるかとか、そういう思いを持つ人をもっと増やしたいという気持ちは正直ありますね。

――増やしたいっていうのは、会社の中に増やしたいということですか。

ＸＹ　会社の中に増やしたいですね。

――それは営業職でという、そういう枠で考えているということなのでしょうか。

ＸＹ　今はそうですね。営業本部長という立場上、営業のことしか考えられなくなっているのですが。とりあえず営業からそういう考えをどんどん発信していきたいというふうに思うんですよね。

何を大事にしたいか――誰に喜ばれたいか

――ＸＹさんの思いとしては、大手とはいえ地域の小さい個店個店との関係構築を大事にしたいということなのでしょうか。

ＸＹ　そうですね。

――そういう思いがあるということですね。

XY　ありますね。もともと弊社は中小企業に強い会社なんですよね。

――はい。

XY　大手は大手でやはり強い会社が他にあるのですが、一方われわれは地場に根ざした営業拠点が三〇〇ぐらいある会社なので、そこはやっぱり強みだなと思っているんです。

――XYさんとしては、お客様からどんな評価を受けると嬉しいと思われますか。

XY　特に地方にいるお客さんや中小のお客さんからなのですけど、情報提供をした後に「その情報を生かして私たちも大手じゃない強みを発揮できるよね」とか、「われわれでもきちんとビジネスを成り立たせていけるよね」といった反応をいただけるとすごく嬉しいですね。

――この情報があればなんかやれる気がする、自分たちでまだまだやっていける、こんな反応があると嬉しいわけですね。

ＸＹ　嬉しいです。

――役に立った感じがするということですか。

ＸＹ　ええ。

――いいですね。そうするとＸＹさんとして目指したい営業組織の姿というのは、この地域の小さい会社とか個人事業主のような方から「まだまだやれそうだ」というふうに思ってもらえるような、そういう信頼感を得られる会社組織にしたいということでしょうか。

ＸＹ　そうですね、そのような会社にしていきたいとは常々思っていますね。

課題を引き出す

――そうですか。もう既にそういう評判は得られているようにも見えるのですが。

XY　いえいえ、評価をいただいてる会社さんはもちろん一定数あって、大変ありがたいのですが……ちょっとこれ、弊社の問題ではあるんですけど……。

――何か問題があるということですか？

XY　バブル絶頂期の頃、OA機器業界は営業の人数を増やしさえすれば売れた時代があったのですよ。私はその頃の営業の一人なんです。その時の営業って、ピンポーンとインターホンを押す数――飛び込みの数が多ければもう必然的に売れたのです。そんな時代がありまして。

――行動量と成果がまさに比例する、そういう世界ですね。

XY　そうなんですよ。そういう方たちがいざマネージャーになった時、やはり数字を追う傾向が顕著になるというのが正直あるんですよ。

――そういう成功体験があるからこそ、数字だけを追いかけるようなマネジメントになってしまうということでしょうか。

XY　そうなんです。となると、数字は数字で、もちろん私も責任があるので追い求めたい気持ちもありますが、自分がお客さんに対してどうしたいのだという思いが二の次になってしまうというのはあるんです。内部でそういうところを変えていければ、もっと良い評価がもらえるのじゃないかなという気がしているんですよ。

話を自分の言葉で要約する

――ちょっと今感じたことをお伝えしていいですか。

XY　はい。

――XYさんの中で過去から今、未来に向けて変えちゃいけないなと思っている、大切にしていることと、逆に変えなきゃいけないと思っていることが混在してるというか、そんな印象を受けたのですが、そのイメージで合っていますか。

XY　合っていますね、はい。

――大事にしたいこととは、端的にはどういうことですか。

XY　やはり中小企業の人たちにビジネスチャンスを、ということはずっとあります。

――そこですね、やはり。

XY　はい、ずっとやっていきたいなとは思いますね。

――中小の企業にも、よりビジネスチャンスを感じとっていただきたいということですか。

XY　はい。で、変えていくべきものに関しては、われわれ営業サイドは変えていかなくてはいけないなとは思うんですよね。

――自分たちが変わらなければいけないと。

XY　自分たちが変わらなきゃと思うんですよね。情報はいまではネットでも取れますし、そういう時代の中でわれわれがどう付加価値を示していけるのか、これからも考えていかなければいけないな、変えていかなければいけないなっていう、発展途上といいますか、悩みではありますね。

――まだまだ付加価値を高められる余地があるのじゃないかと。

ＸＹ　うん、高めなきゃいけないなっていう。

――高めなきゃいけないと。

ＸＹ　ちょっと、危機感めいたものがありますね。

――そうすると、今まで複合機といえばもうＸＹさんの会社だみたいな感じだったと思うんですけれども、付加価値を付けるというのは、例えば領域も少し変わってくるとかですか。

ＸＹ　そうですね、領域を広げるってことはもちろん考えてますね。われわれのメイン事業はあくまで複合機なので、その複合機に関わるツールの拡張とかそういったこともやらなきゃ、既存製品でやらなきゃいけないということもあるのですが、既にあるお客様に対して他の商材や情報などで喜んでいただく、そういう機会ももちろんどんどん増やしていかなきゃいけないなっていうことも思ってますね。

――複合機に固執せずに、もういろいろな別のサービスなどもプラスして。

XY　そうですね。

強み――価値の提供

――お客様の役に立っていきたいと。例えば別のサービスとはどのような……。

XY　最近力を入れている事例ですけど、電力の自由化が始まったじゃないですか。

――はい。

XY　電力の自由化で、ＢｔｏＢ企業向けに電力を切り替えませんかという案内はたぶんいろいろ来ていると思うのですけども、ＢｔｏＢの会社に対して販売網を一番持っているのは弊社なんですよ、特に中小企業。ですからコスト削減の提案になりますけど、そういったお客様のお役には立てるんじゃないかなと。今、展開している事例の一つではありますね、はい。

——電力関係にも、今後ビジネスを広げていく余地があるのじゃないかと。

XY　そうですね。

——ということは、今持たれている中小企業という顧客基盤が強みになって、それが今後のビジネスの成長に繋がるんじゃないかということですね。

XY　中小企業のカスタマーを持っている数と、そこにかけられる営業人員、カスタマーエンジニア人員の数が他社よりも長けていると思っているので、そこで営業、エンジニアが密に連携をとれるサービスは今後増やしていきたいなと思います。電力もその一つですね。

——今でもかなり連携してやってらっしゃるようにも見えるのですが、まだまだ連携の余地があるというふうに捉えていらっしゃるのですか。

XY　そうですね、もともと営業とエンジニアは別会社だったのですけど、一緒にしたという経緯もそこにあって。

――より近いところで情報を共有していきたいと。

ＸＹ　はい。営業よりエンジニアのほうがお客さんの悩みごとを知っていたりするケースもあるんですよ。

――ああ、はい。

ＸＹ　営業とエンジニアが別々のフロアにいたことによって連携できなかった部分もあるので、一緒の会社にしてしまって。例えば営業とエンジニアが同行してお客さんの所に行くのも僕は自然だと思うんですけど、それができていなかったのですよ。

――ＸＹさんとしては、その連携の際に大切になるポイントってなんだと思われますか。

ＸＹ　ポイント？　そうですね、エンジニアというのは今までは基本的に直すことが仕事だったのですが……。

――不具合があった時に、修繕をするといった？

ＸＹ　そうなんですよ、はい。でもそこまででよかったのは結構昔の話で、情報を取りにいくエンジニアじゃないと駄目だなと強く思っていて。

――ややもすると情報を取るのは営業の役割みたいな感覚もあるのですけれども、営業だけの仕事じゃないぞということですね。

ＸＹ　営業だけではなく、この会社で取れる情報は総力で取りにいかなきゃいけない。

――ということはＸＹさんとしては営業担当の役員、お立場だと思うのですが、エンジニア側にもそういうことをちょっとリクエストしていきたいってことなのですね。

ＸＹ　はい、はい。

――そういうところもこうしっかりと形ができれば会社の強みになるのかもしれないですね。

XY　そうですね。

――それができると、そのお客様に対しての新しい価値といったものもまた生まれてくるような気がするのですが、どう思われますか。

XY　そうですね、新しい価値が作れるとは思います。生きた情報を一緒に考えられるパートナーになれるのじゃないかなと。情報はいっぱいあるじゃないですか。でもその情報って正しい情報であることは分かっていても使える使えないはまた別の話だと思うんですよ。情報をどう生かすのかというところを一緒に考えられるパートナーになれるんじゃないかなと思いますけどね、はい。

――今までは情報そのものに価値を感じてもらっていたところを、情報を生かすことに価値を感じてほしいとか、その情報を提供してくれる人に対して価値を感じてほしいとか、そういうことなんですかね。

XY　そうですね、うん。

ターゲット――自社の価値を伝える――提案

――あくまでターゲットはやはり中小企業ということですね。

ＸＹ　ですね。大手ももちろん大切なんですけれど、これからは中小や新しくできるベンチャーとか……。

――ベンチャーですか。

ＸＹ　はい。そういう小さい企業とかが、これから地方にどんどん移転することも考えられるじゃないですか。そういった時にも全国に基盤があるわれわれだからこそできることっていろいろあると思うんですよ。

――確かに。そういうことですね。

ＸＹ　はい。

――ちょうどですね、さっきＸＹさんがおっしゃっていた営業と非営業職の連携といった取り組みを少しお手伝いさせていただいた事例がございまして。

XY　そうですか。

——もし関心を持っていただけるようであれば、次回に事例提供などできればと思うのですがいかがでしょうか。

XY　ぜひいただきたいですね。

——ありがとうございます。

XY　はい。

——そうしましたら、また秘書の方経由で調整したほうがいいですね。

XY　はい、ありがとうございます。

——ではまたお声がけさせていただきますので。

XY　はい、ありがとうございます。

——お忙しい中お時間いただきましてありがとうございました。

XY　いえ、とんでもないです。

——また改めてお声がけさせていただきます、よろしくお願いします。ありがとうございました。

XY　はい、ありがとうございます。よろしくお願いします。

あとがき

最後までお読みいただき、誠にありがとうございました。本書をお読みになった方が「営業職って素晴らしい職種だね」とか「この本に書いてあることを試してみよう」などと感じていただけたとしたら、とても嬉しく思います。

インサイト営業の醍醐味は購買の意思決定権を持つビジネスパーソン、特に経営者と共感し合うことにあると思います。

私自身、これまでの営業活動の中で多数の経営者と接してきましたが、誰一人として同じ考え方の経営者はいませんでした。一〇〇人いれば一〇〇人とも考え方が違うのです。

仕事に対する哲学、人生に対する考え方、目指す会社像、個人として実現したいこと……皆それぞれ次のような独自の価値観を持っています。

・日本のために尽くしたいと考える経営者
・世界を目指す経営者
・サービス品質を徹底的に追求しようとする経営者
・スピードを何よりも大切にする経営者
・地元に密着したいと考える経営者
・活気を大切にする経営者
・落ち着いた雰囲気を好む経営者
・組織の規律を重要視する経営者
・自由な風土を大切にする経営者

これらは全て、経営者の価値観の違いであり、経営者の生きざまが表れているのです。きっと、この価値観の裏には十人十色の人生ストーリーがあることでしょう。

若いうちから数多くの経営者と接し、その方々の価値観を傾聴して共感することを繰り返していくと、単純に経営者視点が養われるだけではなく物事を捉える観点も加速度的に増えていくはずで、それは営業担当者にとって貴重な経験になると思います。

そしてこのような行為を繰り返していくと、やがて自分の考え方に近い考え方をしている経営者に巡り合うこともあるでしょう。それは、自分自身の価値観を明確に言語化してくださる方との出会いです。

自分自身の価値観が言語化されると、ビジネスパーソンとしての芯が形成されます。芯が形成されると、物事を明確に判断できるようになります。

すると、自分の言葉に置き換えて周囲に伝えることができるようになります。そうなると、周りに対する影響力も徐々に高まり、結果的にリーダーシップも身に付いていくというわけです。

このように、インサイト営業は単純に今の時代を勝ち抜く企業の営業戦略となるだけではないのです。その過程で得られる経験が、営業パーソン個々人のキャリア形成を加速させる貴重な経験になっていくことでしょう。

さらには、インサイト営業によって自分の貢献領域を拡大することができれば、主体的に動ける範囲も広がり、結果的に仕事そのものも楽しくなるはずです。そして、仕事が楽しくなれば人生も楽しくなります。こう考えると、インサイト営業は人生の豊かさにも繋がる仕事スタイルかもしれません。

営業担当者にとって、自分自身の営業活動のパフォーマンスを上げることはもちろん大切です。しかし、それ以上に自分自身の人生を豊かにするために本書の内容を実践していただけるのであれば、これ以上に嬉しいことはありません。

最後になりましたが、この本を書くにあたって私を支えてくださいましたプレジデント社桂木栄一さん、また桂木さんとのご縁を繋いでくださいました原正彦さんに心から感謝申し上げます。

また私の会社員時代、上司として私にたくさんの見識を授けてくださり、本書を執筆するに際しての土台を築いてくださった松丘啓司さんには、今でも深い恩を感じています。

本書の執筆期間は、弊社メンバーが日常業務を支えてくれました。実務の中では、弊社のお客様やパートナーのコンサルタントからもたくさんの気づきをいただきました。数多くのご縁に支えられていることに、この場をお借りして御礼申し上げます。

誠にありがとうございました。

二〇一八年六月

高橋　研

［著者略歴］

高橋 研（たかはし けん）

株式会社アルヴァスデザイン代表取締役CVO。1974年生まれ。早稲田大学大学院理工学研究科修了後、株式会社ファンケルに入社し製品開発およびマーケティング業務に携わる。800回以上もの営業の"売り込み"にあいながら「売れる営業」と「売れない営業」を見極められるようになっていく。2004年株式会社ア・キューブに入社。顧客の営業プロセス改革プロジェクトでは、前年比420％を達成する。2006年にエム・アイ・アソシエイツ株式会社へ移ると、自社の営業活動とともに、研修講師やコンサルティング業務も兼務しながら約20,000名の営業人材開発に関わる。2013年企業の営業活動を全方位的に支援するアルヴァスデザインを創業。これまでの経験を織り交ぜ「インサイトセールス」の研修を開発する。現在も年間約500回の営業研修や営業プロジェクトに携わる。

アルヴァスデザイン
URL https://alvas-design.co.jp

AIに駆逐されない営業力

実践!インサイトセールス

2018年6月29日　第1刷発行

著　者　高橋 研
発行者　長坂嘉昭
発行所　株式会社プレジデント社
〒102-8641 東京都千代田区平河町 2-16-1
平河町森タワー 13F
http://president.jp　http://str.president.co.jp/str/
電話　編集(03) 3237-3732
　　　販売(03) 3237-3731

装　丁　秦 浩司(hatagram)
制作協力　原 正彦
編　集　桂木栄一　千﨑研司(コギトスム)　小山唯史
制　作　関 結香
販　売　高橋 徹　川井田美景　森田 巌　遠藤真知子　末吉秀樹
印刷・製本　凸版印刷株式会社

ISBN978-4-8334-2285-7
Printed in Japan